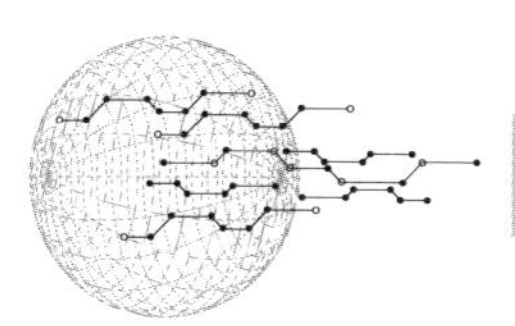

AliResearch 阿里研究院 潘永花 孟晔 ◎著

DT已来

为了无法计算的价值

机械工业出版社
CHINA MACHINE PRESS

在互联网+的大背景下，各行各业都在转型中苦苦探索：如何利用新思维、新技术解决企业转型中的各种难题？如何实现社会经济价值的最大化？怎样加速云计算和大数据的战略落地？有哪些方法可以借鉴，有哪些案例可以模仿？

本书从理论到实践，以云计算+大数据的核心理念和社会经济价值为主线，紧跟云计算和大数据的发展趋势，梳理出相关代表行业的鲜活案例，进行了详细剖析，借此回答了以上问题，并促进传统用户转变观念，为渴望在新形势下取得突破的人士提供了建议。

图书在版编目（CIP）数据

DT已来：为了无法计算的价值/潘永花，孟晔著.—北京：机械工业出版社，2016.7

ISBN 978-7-111-53932-2

Ⅰ.①D… Ⅱ.①潘 …②孟 … Ⅲ.①互联网络—应用—企业管理 Ⅳ.①F270.7

中国版本图书馆CIP数据核字（2016）第120142号

机械工业出版社（北京市百万庄大街22号 邮政编码100037）

策划编辑：坚喜斌 杨 冰　　责任编辑：坚喜斌 刘林澍

责任校对：赵 蕊　　责任印制：常天培

涿州市京南印刷厂印刷

2016年10月第1版·第1次印刷

145mm×210mm·7印张·3插页·108千字

标准书号：ISBN 978-7-111-53932-2

定价：45.00元

凡购本书，如有缺页、倒页、脱页，由本社发行部调换

电话服务　　网络服务

服务咨询热线：（010）88361066　机 工 官 网：www.cmpbook.com

读者购书热线：（010）68326294　机 工 官 博：weibo.com/cmp1952

（010）88379203　教育服务网：www.cmpedu.com

金 书 网：www.golden-book.com

序言

工业经济时代，机器轰鸣、车辆穿梭，工业化的一个重要影响就是资本对劳动产生了替代效应。但是，当这种替代效应越来越微弱时，信息经济的1.0时代就不期而至了。在过去的三十年，信息技术被广泛采用，各种应用也在不断推广，劳动生产率大幅提高，以“计算机+软件”为范式的IT（Information Technology，信息技术）时代，煊赫一时。

随着云计算、大数据、移动互联网技术及应用的兴起，计算资源成本变得越来越低廉，数据挣脱了原有的束缚，成为真正的生产要素。由于对数据成本的持续投入，数据挖掘技术的不断增强，从而产生了新的知识模式，技术进步带来了生产效率的大规模提升，出现了跨界创新融合。由此，信息经济进入到了2.0时代，以集中控制为标志的IT被以激活生产力为目的的DT（Data Technology，数据技术）所取代，“云计算+数据”成为新的发展方向。

2009年，阿里云推出云计算服务，这是中国云计算发展历史上的一个关键节点，经过五年的积淀和发展，云计算开始逐步被政府和企业所应用，目前，阿里云已经拥有超过 140 万的客户，云计算进入了广泛应用和蓬勃发展的阶段。

2015 年 1 月底，国务院印发了《关于促进云计算创新发展培育信息产业新业态的意见》，这成为云计算产业腾飞的催化剂。2015 年 3 月，李克强总理在政府工作报告中提出“互联网 +”的战略更是为云计算的快速发展提供了政策指引。云计算作为“互联网 + 各行业”融合发展的基础技术平台，扮演着基石的角色。

2016 年年初，阿里巴巴集团 CTO 王坚博士在云栖大会上表示，现在人们看数据都是通过计算去看，就如同显微镜发明以后，研究微观世界都是通过显微镜一样。互联网、数据和计算就像人类历史上三个非常重要的工具——望远镜、显微镜和雷达，它们让人类重新认识了世界。而“望远镜、显微镜、雷达是三百多年的时间里积累下来的，但是今天我们很幸运地同时拥有互联网、数据和计算。”

当互联网变成基础设施、数据作为生产资料、计算成为公共服务的时候，全部企业就如同站在了同一条起跑线上：个人创业的小公司的影响力可以和一万人的大公司媲美，而一万人的大公司则兼具了小公司的灵活。

王坚博士认为，2016 年才是真正意义上的大数据元年，“我们将迈入大数据的一个新时代，敏捷、准确、低成本的数据分析和预测将成为现实”。DT 时代的到来，不仅仅是因为计算能力被替代，更重要的是为了发现无法计算的价值。

阿里巴巴集团副总裁、阿里研究院院长
高红冰

目录

第四部分

看实践：加速“互联网+”战略落地

第五部分

看未来：当云计算遇到大数据

第一部分 从『双11』说起

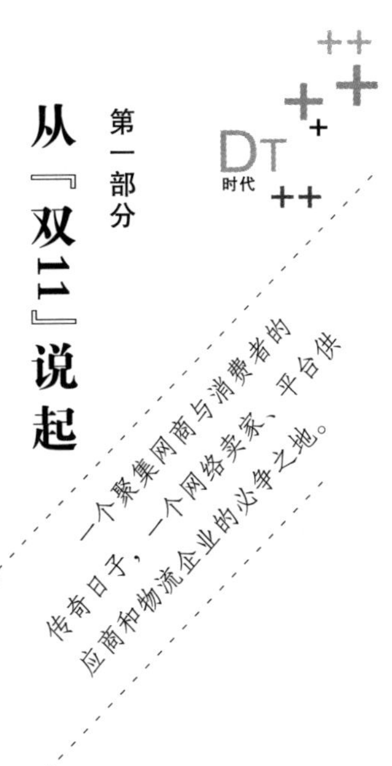

1.1 “剁手族”的“双11”

2009年以前，11月11日不过是一个普普通通的日子。而到今天，它却成了一个标志性节点，一个“剁手族”期盼的日子，一个聚集网商与消费者的传奇日子，一个网络卖家、平台供应商和物流企业的“必争之地”。

2009年，天猫（当时称淘宝商城）开始在11月11日“光棍节”举办促销活动，最早的出发点只是想做一个属于淘宝商城的节日，让大家能够记住淘宝商城。选择11月11日，也是一个有点冒险的举动。因为此时刚好处于传统零售业“十一”黄金周和圣诞促销季中间，当时只是想试一试，看网上的促销活动有没有可能成为一个对消费者有吸引力的窗口。结果一发不可收拾，“双11”成了电商消费节的代名词，甚至对非网购人群、线下商城也产生了一定的影响力。

2012年围绕这个日子，线上天猫、京东商城、当当网、国美在线和苏宁易购等电商提前热身，线下家电连锁卖场、商场也加入到这场“双11”的战争之中。2012年在“双11”期间，服务于这次狂欢节的商家、快递业、支付行业、第三方服务业以及电商平台等相关行业从业者就达百万。

时至2015年，11月11日零点，各大电商发起的“双11”购物狂欢节准时拉开帷幕。截至11日24:00，2015年天猫“双11”全球狂欢节交易额超912亿元，再创历史新高。其中，移动端占比68%；累计物流订单4.68亿，累计电子面单生成量1.21亿；全球已成交国家或地区232个。

从2009年到2015年，“双11”已经从天猫扩散到全电商平台，从国内扩展到全球。11月11日，正逐渐从单一的电商营销日变成全球消费者的购物狂欢节，而这种扩展更是带动了整个中国商业的巨大变局。

阿里巴巴平台2009～2015年“双11”交易量如图1－1所示。

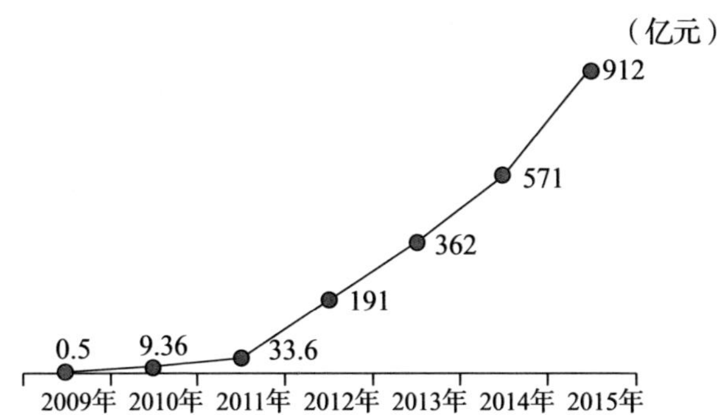

图 1－1　阿里巴巴平台 2009～2015 年“双 11”交易量

来源：阿里研究院

1.2　“双 11”背后的 DT 力量

大家从 2015 年天猫“双 11”的 912 亿元交易额看到的可能主要是电商对中国消费力量的拉动，但实际上背后不仅仅是电商这个关键词。“双 11”除了是消费者的狂欢节，还是对中国互联网技术体系的实力检验，是基于云计算和大数据的 DT（Data Technology，数据技术）技术创新支撑了这样的商业基础设施平台。很多人认为我国是个技术消费的国家，“双 11”这样的大计算场景彰显了我国在技术创新领域的自主研发能力，我们的科技创新能力已经能够站在世界的前沿，这将是我国在未来 DT 世界竞争的技术脊梁。

我们知道，2015 年“双 11”在每秒交易和每秒订单数都创造了新的纪录：每秒钟订单创建峰值 14 万笔，支付峰值达到了每秒 8.59 万笔。2009 年“双 11”订单创建峰值每秒钟只有 400 笔，2015 年相当于六年前的 350 倍左右。2009 年“双 11”支付峰值是每秒钟 200 笔，2015 年是六年前的 430 倍左右。在这六年交易量飞速增长的背后，正是多项阿里巴巴自主研发的技术力量在支撑这个全世界仅有的应用场景。以混合云、金融级自主研发数据库 Oceanbase、异地数据中心多活、自主研发的大数据处理平台 MaxCompute 以及数据可视化大屏等为代表的多项创新成为背后力量的核心。2009 ~ 2015 年“双 11”的峰值对比“双 11”背后的计算力量如图 1 - 2 所示。

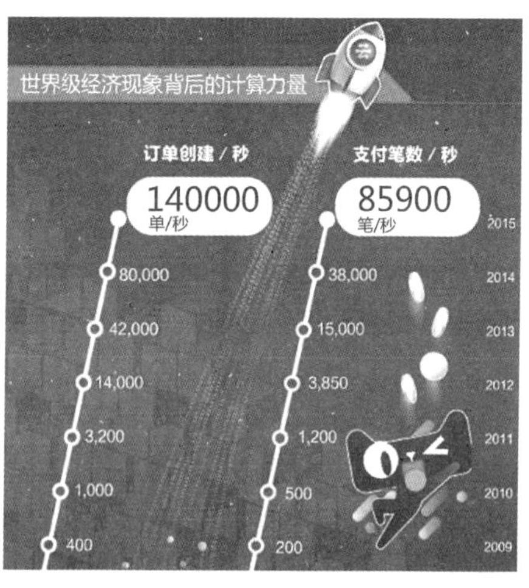

图 1 - 2　2009 ~ 2015 年“双 11”的峰值对比“双 11”背后的计算力量

1. 创新之一：混合云架构应对交易洪峰

在平时的交易场景下，淘宝、支付宝和天猫都是构建在专有云平台上，在2015年“双11”期间的瞬间交易洪峰下，阿里巴巴第一次将淘宝、天猫核心交易链条和支付宝核心支付链条的部分流量，直接切换到阿里云的公共云计算平台上。通过将公共云和专有云无缝连接的模式，全面支撑“双11”。因此，从技术层面来看，2015年“双11”成为一场全球最大规模的混合云弹性架构实践，阿里巴巴也成为全球大型互联网公司中首个将核心交易系统放在云上的企业。上云之后，阿里巴巴能够充分利用云计算的弹性优势随时调度资源。而在“双11”之后又能快速归还资源，避免高峰期过后的闲置浪费。

阿里巴巴经过16年的快速发展后，形成了非常复杂的内部信息系统。一个订单要经过多个系统的流转和数据库的交互，把这么庞大的内部系统搬到公共云上，并与专有云对接形成混合云架构。除了公共云上的系统要与专有云上的内部系统全面兼容、平滑过渡外，最重要的是要保障公共云上的电商核心系统的无缝正常运转。这次混合云的大练兵，显示了阿里云强大的运转能力。

2. 创新之二：异地多活数据中心完美支撑“双 11”

2014 年“双 11”，阿里巴巴在全球首创交易系统“异地双活”，而 2015 年有了更大的突破：在支付宝这样高度复杂与严谨的金融系统中，实现 1000km 以上的“异地多活”能力。

“异地多活”已经超越了两地三中心等传统灾备概念，可实现多地数据中心像一个数据中心一样工作，即使某一处数据中心出现故障，“双 11”在线业务仍然能够快速恢复正常运转。

“数据中心的切换，要在用户毫无感知的情况下进行，这就像为正在飞行的波音 747 飞机更换引擎。不仅不能影响飞行，飞机上的乘客也不能有感觉。”目前，阿里巴巴支撑“双 11”的多地数据中心，最远距离已超过 1000km，这就意味着阿里巴巴具备了在全国任意节点部署系统的能力。

同时，阿里巴巴正在将这一过程中积累的技术逐步开放。比如，可以在较长延时的情况下解决多点数据同步的技术，已经通过阿里云数据传输（Data Transmission）产品对外开放，能够让云用户轻松实现远距离、毫秒级异步数据传输。

3. 创新之三：中国人自己的数据库 OceanBase 实力初显

2015 年“双 11”的核心交易流量，百分之百由金融级海量数据库 OceanBase 承载。这一事件将对全球 IT 业的格局产生深远影响。在金融行业的交易型数据库领域，我们知道基本上是国外的几大巨头为主，包括 Oracle、微软和 IBM 等。虽然国家向国产数据库领域投入巨大，但鲜有成熟的产品能够用在关键交易环境之中。

OceanBase 由阿里巴巴自主研发，是中国首个具有自主知识产权的数据库，也是全球首个应用在金融业务的分布式关系数据库。OceanBase2010 年诞生，2014 年支撑了 10% 的“双 11”交易流量。2015 年 6 月，网商银行开业，底层数据库全部采用 OceanBase，是第一家完全摆脱商业数据库的金融机构。

与传统数据库相比，OceanBase 的系统维护不需要昂贵的共享存储设备和高性能服务器，还能节省数据库软件的许可费。和常用的商业数据库相比，成本不到其一半。同时，分布式的系统可以更好地应对“双 11”这类大流量冲击：弹性能力可保证大促之前完成一键扩容、大促之后实现一键缩容。

OceanBase 也计划于 2016 年通过阿里云的公共云计算平台对外界开放。

4. 创新之四：90分钟一键再造淘宝、天猫

每年“双11”，为了应对巨大的流量冲击，阿里都需要新建淘宝和天猫的交易单元，与原有的系统“协同作战”，以便分散流量，减轻系统负担。

以往，重新部署一套交易单元至少需要提前一个月的时间准备。2015年“双11”，由于采用了“一键建站”的技术，使这项费时费力的巨大工程得以在90分钟之内自动化完成。

一键建站是指在基础设施具备的条件下，通过阿里自主研发的自动化软件，将中间件、数据库、商品交易系统以及商品展示系统等上百个电商核心系统，像搭积木一样部署完成。整个过程一键完成，基本无须人工干预，所需时间不到90分钟。

5. 创新之五：云能力助力商家日处理400万订单

2015年，阿里云通过聚石塔向“双11”商家输送充足的计算能力。搭建在阿里云平台上的聚石塔，2015年处理了99%以上的“双11”订单，可支持单个天猫商家日处理订单超过400万单。

2012年开始，聚石塔以阿里云为基础推出了一整套的

解决方案，为天猫、淘宝平台上的服务商及商家服务。聚石塔部署在阿里云的数据中心中，安全条件、稳定性和性能远远超过商家的办公环境和传统 IDC，针对设备故障、断网断电等情况均有应急预案。

在传统模式下，商家做促销时要进行服务器扩容，小卖家要去电脑城买几台计算机扛回家，大卖家则需要临时寻找 IDC 资源。在应对了促销节点之后，业务量回落，服务器又会闲置无用，造成了很大浪费。通过聚石塔，商家可随时线上扩充服务器资源，想用几天就用几天，用后再缩回去，低碳环保又省钱。

2014 年，聚石塔处理了 96% 的“双 11”订单，无一故障、无一漏单。2015 年，通过云计算系统的优化，中间件能力的使用，服务商应用系统整体性能比之前提升 62%，能支持单个商家每天 400 万以上的订单处理能力。

6. 创新之六：金融云架构超越传统平台

据介绍，目前支付宝在技术上已全面升级到金融云架构，可以支持每日 10 亿笔以上的支付，并且具备了金融级的“异地多活”容灾能力。

与支付宝有合作的 200 多家银行，一直是“双 11”支付保障的主力军。2015 年各家银行的系统容量在 2014 年

“双 11”的基础上扩大了一倍。从 2015 年 8 月份开始，各家银行就逐步对扩容后的系统进行仿实战的高强度压力测试，覆盖了用户从开始购物到创建交易、访问收银台到最终完成支付的整个链路，确保包含基础设施、业务系统和银行渠道在内的整个系统，可以稳定支撑“双 11”的惊人支付洪峰。

7. 创新之七：大数据处理技术引擎轻松处理百 PB 数据

2015 年“双 11”，手机端的交易占据主导地位，占比达到 68.9%。利用阿里巴巴存储的数百 PB 数据，在狭小的手机屏幕上为用户创造更智能化的购物体验，这一切都通过阿里云自主研发的大数据处理平台 MaxCompute 来计算。

2015 年“双 11”，淘宝、天猫、支付宝和菜鸟等所有大数据处理工作，都由阿里云 MaxCompute 来完成。在 2015 年世界 Sort Benchmark 排序比赛中，阿里云 MaxCompute 用 377 秒完成了 100TB 的数据排序，打破了此前 Apache Spark 创造的 1406 秒纪录。

8. 创新之八：数据可视化技术强势展现数据魅力

2015 年的“双 11”交易数据大屏再次展现了阿里巴巴在数据可视化领域的领先性，实时、动态、炫丽的图形化展现向全球用户直播“双11”的数据魅力。该数据大屏基于阿里巴巴自主研发的DataV数据可视化引擎，该引擎完全基于Web技术，可快速、低成本地部署。用于内部的商品、交易、支付和数据中心等可视化呈现和管理，帮助实现更精准的调控。

在北京水立方的数据大屏上，该数据可视化引擎既可以利用3D webgl技术从宏观角度展示“双11”平台总体交易订单实时流向的全量展示，也可以通过便捷的交互手段深入到城市级别进行微观的人群画像分析。

目前，这一技术已计划通过阿里云向外输出，很快将会有标准化的产品推出。

9. 创新之九：全方位保障信息安全

在信息安全方面，2015年“双11”期间，阿里云安全团队通过行为模型、恶意IP地址比对等技术手段，完成了对流量成分的分析，从而抵御了大规模的黑客攻击。而从2014年开始，阿里耗时一年完成了淘宝、天猫的全站Https加密传输。电商平台从客户端到服务器之间全程加密，有效保护消费者和商家信息不被第三方劫持。

阿里巴巴正在把每年“双11”所积累的技术能力开放出去，实现普惠科技。通过普惠科技，让创新者、创业者也能拥有与阿里一样的技术能力。在 2015 年“双 11”当天，有超过 3 万家创新、创业企业通过阿里云官网抢购计算资源，采购量相当于一座大型数据中心，比传统方式节省了上亿元的 IT 成本。

一次次的“双 11”活动向世人展示了阿里巴巴在技术研发方面的重度投入和技术领先能力，阿里自主研发的混合云技术、飞天 5K 集群、MaxCompute 大数据处理平台、自主可控的 OceanBase 金融级数据库、强大的信息安全能力等一系列核心技术向世界证明了我国企业的技术原创能力，在促进我国从技术消费国、技术追随者向技术原创国的转变过程中起到引领作用。“双 11”背后的 DT 技术如图 1－3 所示。

全球最大规模混合云弹性架构

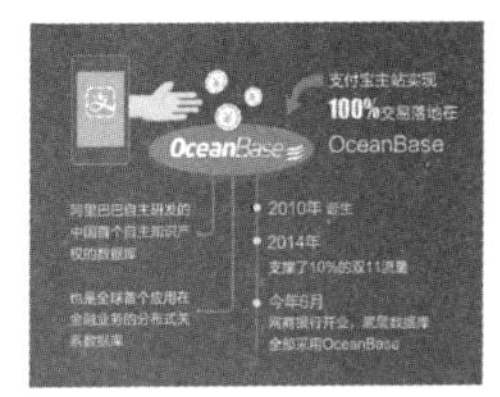

Ocean Base: 中国首个自主研发，并应用在金融业务的分布式关系数据库

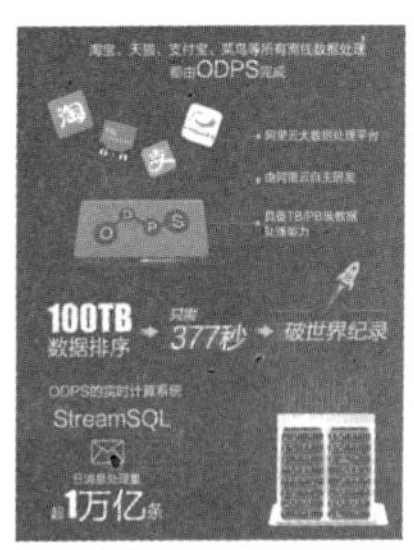

OOPS：自主大数据引擎

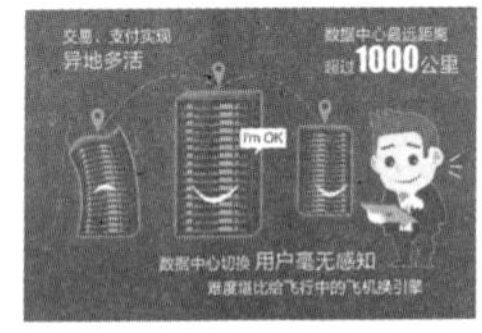

异地多活：给1000公里外的飞机换引擎

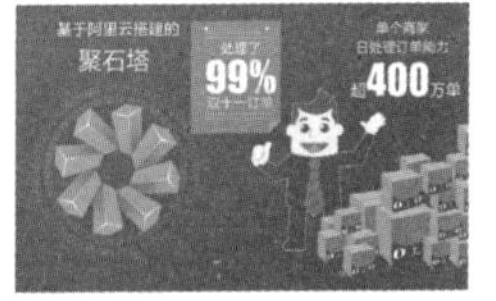

单个商家可日处理400万订单

图 1－3 “双 11”背后的 DT 技术

1.3 IT 已去，DT 已来

“双 11”这样的大场景告诉我们，传统 IT 的时代正在成为历史，只有以云计算和大数据技术为核心的 DT 基础设施才能承载起这样的应用。

回望 IT 的发展史，我们会发现技术的角色以及形态，从计算机诞生伊始就在不断变化。第一次工业革命是以机械代替手工为代表，2006 年云计算概念出现以前的 IT 时代正类似于信息时代的第一次工业革命。1964 年，IBM 发明 System/360 大型计算机。这个时代的计算机最主要的目的是替代手工操作，以主机/终端的计算模式为主，数据以集中的方式保留在主机。后来摩尔定律出现，伴随着计算能力的迅速提升，PC 端处理能力的增强使客户机/服务器的计算架构成为主流，数据变得分散，服务器端与客户端都有数据。TCP/IP 的出现以及宽带网络的发展使得网络边界延展开去，Internet 进入人们的工作与生活，数据开始跨越企业边界，数据之间的共享开放成为可能。从 IT 时代到 DT 时代的演变如图 1－4 所示。

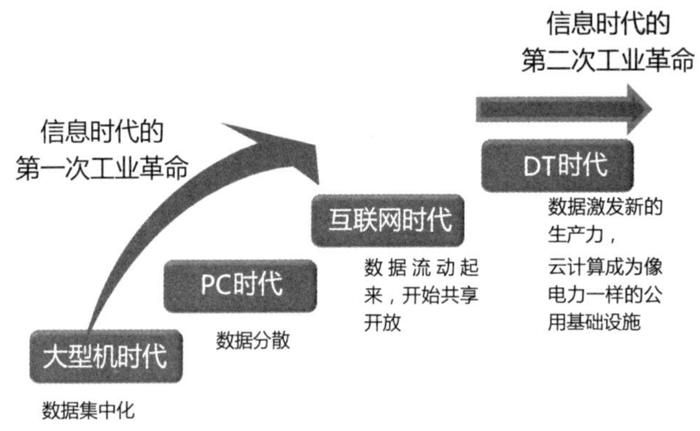

图 1-4 从 IT 时代到 DT 时代

云计算的出现和兴起，使得成千上万台廉价的服务器能够通过虚拟化和分布式计算等技术随需提供计算和存储能力，云计算成为类似于水与电这样的公共基础设施，这正如信息时代的第二次工业革命。云计算的出现使得数据可以随时在线，数据成为如同货币、石油一样的资产，成为激发生产力的核心资源，使信息经济越来越名副其实，数据也成为连接云、网、端的核心。DT 技术体系如图 1-5 所示。

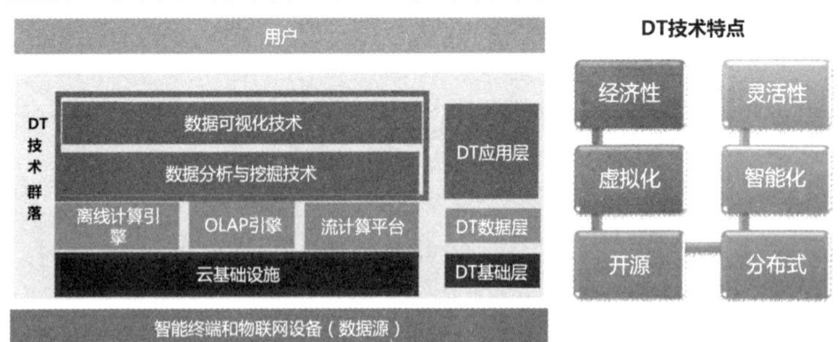

图 1-5 DT 技术体系

DT意味着信息技术终于有能力以低价格的形式还原、映射、记录和支撑商业世界的运行。DT时代的技术基础并不是单一的某种技术，而是以云计算和大数据技术为核心的技术群落。这一组新的技术群落包括云（计算）、大（数据）、智（智能化）、物（物联网）、移（移动互联网）等，它们共同驱动了DT新世界的到来。

在IT世界里存在着众多的技术创新主体，这其中既有硬件起步的IBM、HP、EMC、Cisco等巨头，也有软件制胜的Oracle、微软。IBM以单一的技术提供者身份为大型企业级用户提供从硬件、软件到服务的完整IT解决方案；Oracle与微软则在数据库、操作系统与办公软件市场上领先。这些IT世界的领军企业也都早早注意到了DT世界的到来，纷纷采取收购或转型的方式向云计算和大数据方向进军。

但这一次巨变给IT产业带来的冲击是根本性的，因为IT业务范式不再是“硬件+软件”主导，而是“大数据+云计算”主导。今天，DT世界的产业生态正变得丰富多彩，由于以云计算作为基础设施，数据在此之上的流动、共享以及价值发现变得更加容易。围绕着数据的收集、存储、管理、分析、挖掘和展现等不同功能，将会出现不同的角色——从数据生产者、数据提供者、数据服务提供者、第三方数据市场、数据解决方案提供者到数据消费者、数据资产评估机构等多个物种，都在DT世界中生长。

目前的创新领先者，大都扮演着数据解决方案提供者和数据服务提供者这两个角色。以阿里巴巴为例，已经基于淘宝和天猫的大量消费者和商家数据，支撑起了蚂蚁小贷、芝麻信用等相关业务。另外，阿里巴巴同时也是基于阿里云的大数据解决方案提供者，可以为阿里云用户提供数据技术服务。此外，基于云平台的数据分析服务也是现在最受关注的领域之一，Metamarkets、Gooddata、Domo等创新企业都是以数据的分析和展现云服务模式而在市场上出现的。

第二部分

看概念：云计算+大数据开启DT时代

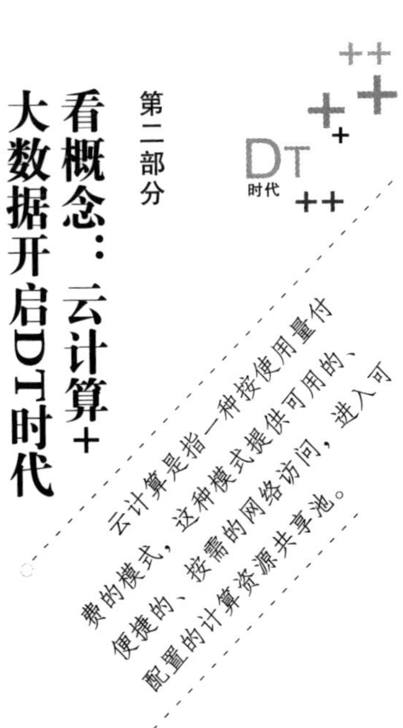

云计算是指一种按使用量付费的模式，这种模式提供可用的、便捷的、按需的网络访问，进入可配置的计算资源共享池。

2.1 什么是云计算

2.1.1 云计算定义的演进

1983 年，太阳公司（SUN）提出“网络是电脑”(The network is the computer.)。云计算思维已蕴含其中。

2006 年 3 月，亚马逊推出弹性计算云服务。实践先行，领先概念一步。

2006 年 8 月 9 日，谷歌首席执行官埃里克·施密特在搜索引擎大会（SES San Jose，2006 年）上首次提出“云计算”概念。领袖人物振臂一挥，热潮就此开启。

“云计算”定义呈涌现之势。

维基百科：云计算是一种基于互联网的计算方式，通过这种方式，共享的软硬件资源和信息可以按需求提供给计算机和其他设备。

高德纳公司（Gartner）：云计算描述了一种基于互联网的新的 IT 服务增加、使用和交付模式，通常涉及通过互联网来提供动态易扩展而且经常是虚拟化的资源。

加州大学伯克利分校：云计算既指在互联网上以服务形式提供的应用，也指在数据中心提供这些服务的硬件和软件。

IBM 公司：云计算是一种共享的网络交付信息服务的模式，云服务的使用者看到的只有服务本身，而不用关心相关基础设施的具体实现。

纷争过后，美国国家标准与技术研究院（NIST）给出了最为各界接受的“云计算”（Cloud Computing）定义。

根据这一定义，云计算是指一种按使用量付费的模式，这种模式提供可用的、便捷的、按需的网络访问，进入可配置的计算资源共享池（资源包括网络、服务器、存储、应用软件和服务）。这些资源能够被快速提供，只需投入很少的管理工作，或与服务供应商进行很少的交互。

> 云计算是指一种按使用量付费的模式，这种模式提供可用的、便捷的、按需的网络访问，进入可配置的计算资源共享池（资源包括网络、服务器、存储、应用软件、服务）。这些资源能够被快速提供，只需投入很少的管理工作，或与服务供应商进行很少的交互。
>
> ——美国国家标准与技术研究院（NIST）

2.1.2　云计算服务的五大特征

云计算的定义揭示了“云计算”与传统计算方式相比，具有以下五大特征。

1. 服务可计量（Measured service）

要向公众用户提供计算服务，服务的可计量性是关键。没有准确的计量，云计算服务提供商一方面无法在众多用户间依据需求合理分配计算资源，另一方面向用户收取服务费用也无标准可依。

2. 广泛的网络接入（Broad network access）

网络接入是用户获取计算资源的有效途径。通过网络连接用户，计算资源才能充分共享；通过网络连接设备，人们才摆脱了使用传统IT服务时对固定地点特定设备的依赖，可以充分利用各种设备随时随地获取计算能力。

3. 资源池化（Resource Pooling）

当我们从一个水池中舀水时，每次舀出的水是没有区别的。资源池化，是指计算资源也像存在于池子当中的水一样，可以根据需要取用，也是无差别的。用户不必像在使用传统 IT 服务时，要考虑计算资源在物理构成、地点分布等方面的不同。资源池化显然是计算资源能够做到规模利用的先决条件。

4. 按需自助服务（On-demand self-service）

按需自助服务增强了用户利用计算资源的自主性。不必像在使用传统 IT 服务时，囿于软硬件配置的复杂性，过分依赖服务提供方人员的直接干预。通过友好的用户界面，用户自己也能够轻松便捷地完成计算资源配置，省去了与服务提供方人员多余的沟通过程，提升了工作效率。

5. 快速弹性（Rapid elasticity）

与传统 IT 服务相比，弹性是云计算的显著优势，而快速是对这一优势的进一步强化。考虑到使用场景的动态变化，用户能够对计算资源的使用量进行调整，可以扩展也可以减少，因此不必担心不足也不必担心冗余，能将需求与供给更好地匹配。而快速实现这一点，提高了用户对环境变化的及时响应能力，紧密贴合对计算资源的即时需求。

从更通俗的角度来理解，云计算将像用水、用电一样，把计算资源源源不断地提供给人们。图 2－1 比较清楚地展示了云计算的定义以及主要特征。

2.1.3　服务模式

通常谈到的 SaaS、PaaS、IaaS（软件即服务、平台即服务、设施即服务），就是从“服务模式”上看如何提供云计算服务。

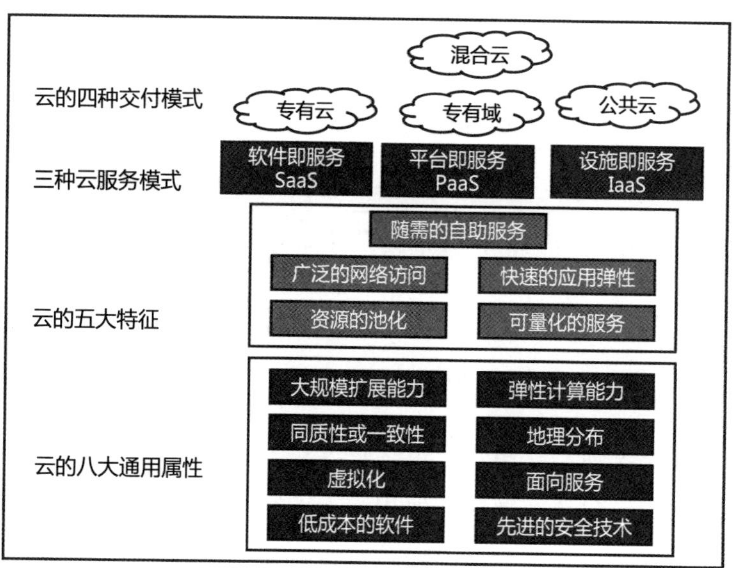

图 2－1　一张图认识云计算服务

1. SaaS 模式

用户对软件的购买模式，传统上是以购买软件许可证为主，还需要逐年交付维护费用，而 SaaS 模式则可以让用户摆脱自行安装、维护、升级的困扰，只要接入互联网就可使用软件应用，比如个人经常使用的电子邮件服务、企业广泛使用的在线客户关系管理软件和 ERP 软件等。

2. PaaS 模式

PaaS 模式主要面对软件开发者，他们不必自己购买专用的开发软件、测试软件、数据分析软件和数据库软件等，只要能上网就可使用，从而实现软件应用的轻松开发、快速发布。比如，可以开发手机 App 程序，最短时间内在应用商店上架，大幅提升产品开发上线的速度。

3. IaaS 模式

IaaS 模式是目前用户选择最多的一种模式，用户不必购置服务器、存储和网络设备等，不用投入人力资源维护和运营，只要联网就能使用云上的相关资源，同时企业还可以获得专业的服务，用户只要专注部署自己的业务应用开发就可以了。IaaS 的使用可以大幅度降低用户的 IT 投入成本。

无论是SaaS、PaaS还是IaaS，用户均可按照自身需要随时调整租用数量（软件账户数、资源使用时间、资源使用量等），避免了过高的一次性投入；同时省却了在软硬件维护上雇佣员工的负担。云计算服务用户规模越大，计算资源共享的水平就越高，每个用户分担的成本就越低。成本更低、灵活性更高、技术水平更强，云计算服务受到追捧，也就不足为奇了。

2.2　计算服务变革与工业革命的发展对比

正如本书第一部分分析的，DT时代的到来类似于信息时代的第二次工业革命。那么，计算服务变革的历程与工业革命的发展如何对比呢？

2.2.1　演进过程

工业革命中，电力的发明和应用发挥了核心作用，释放了巨大的生产力，改变了人类文明的进程。对比其演进过程，也让人们对云计算发挥“通用目的技术”的威力、掀起新一轮产业革命充满期待。

1. 电力供应的演进过程

（1）水力及蒸汽机驱动。工业革命中，工厂间的竞争主要体现在生产规模上，而规模扩张的关键又在于如何更好地获取动力。早期阶段的工厂为了利用改良水车作为动力，也为了商品运输便利，通常沿河而建，工业水车带动传动系统，进而驱动多部机器开展生产。效率更高的蒸汽机出现后，工厂主有了新选择，地理位置局限被弱化，成本也有所降低。

（2）分散供电。相对于水车、蒸汽机而言，电动机可以驱动许多单独的机器，而不必依赖过于复杂、故障频出的传动系统，因此发电机、电动机得到了广泛采用，这为工业生产打开了一扇进步之门。规模较大的工厂都购买了发电机自行供电，走上了电力驱动之路，这种分散供电的局面让提供发电设备的厂商赚得盆满钵满。

网络供电最初是为了实现规模化的家庭照明，但由于直流电传输距离有限，分散在城市各处的小型电厂还是彼此独立，只为附近几个街区供电。

（3）集中供电。随着发电机功率的提升、交流电的采用以及变压器的使用，供电的总体规模、地理范围、应用行业不断扩展，规模经济显现、成本直线下降。集中供电的中央电厂逐渐取代了各工厂的自行发电。众多工厂主也乐见用电成本下降、维护人员减少，而更有精力专注于自身业务的经营。

（4）电力供需的正反馈形成。电力作为一种通用性技术，与多种技术结合，为各行业的创新增长赋能，改变了经济的原有面貌。用电需求与供应链条呈现了正反馈增长态势，引发了它们指数级增长，电力愈发成为经济发展的核心引擎。

（5）渴求：从动力到计算能力。动力的升级，让人的体力得到了延伸；而计算能力的升级，让人的智慧不断拓展。交通的便利化、电力的普及逐渐削弱了企业通过获取原材料、动力取得的竞争优势，从信息获取、处理、利用上获取新的竞争优势就在所难免了。

2. 计算供应的演进过程

（1）专有计算驱动。现代的计算设备，从打孔计算机开始，到以电子管、晶体管、集成电路为基础的大型机、小型机不断演进，软件的作用也愈加显著。由于计算设备价格昂贵，只有大型企业和政府机构有实力购买，对经济的整体影响受到制约。

（2）**分散计算**。直到个人计算机的出现，计算机软硬件才进入千家万户、走进企业一线，实现了爆炸式增长。互联网的兴起，让客户机/服务器架构成为主流，人们真正感受到了网络应用带来的价值。

（3）**集中计算**。随着通信网络的大规模建设，带宽不再成为网络计算的瓶颈，人们有动力运用网络的力量提升自身的能力，获得竞争优势。云计算正是在这种情况下应运而生的。

3. 电力供应与计算供应的对比

前网络时代的大型机、小型机和个人计算机，正像工业水车、蒸汽机和发电机一样，在提供着分散且有限的计算能力；通用的网络协议，就像采用交流传输和变压器，让计算机之间的沟通和计算能力的分享成为可能；网络时代的客户机/服务器模式近似于分散的小型电厂，能在一定程度上分享网络计算能力，但规模和功能受限；而云计算服务平台，则可以像中央电厂一样提供成本更低、灵活程度更高、通用性更强的“计算服务”。工业动力的发展与计算服务的进步对比如图2-2所示。

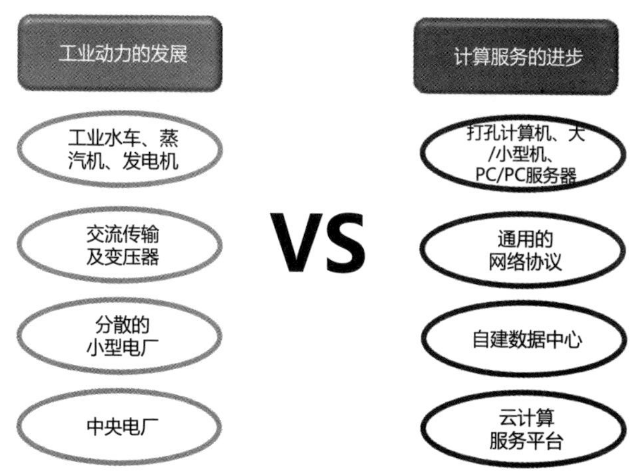

图 2-2　工业动力的发展与计算服务的进步对比

计算供需的正反馈将形成。正是商业企业对竞争优势的追求，技术的不断进化，促成社会对计算服务需求与供应链条呈现正反馈机制，引发其指数级增长，云计算成为信息时代的电力和经济发展的引擎，云计算平台成为这个时代最重要的基础设施。

2.2.2　创新主体

从计算机出现的第一天起，从最初的手工替代者角色到今天的普惠计算时代，主导创新的主体已经发生了质的变化。不同阶段计算领域的创新主体如图 2-3 所示。

图 2－3　不同阶段计算领域的创新主体

1. 替代手工操作阶段

在计算资源昂贵的大型机、小型机时代，IBM 和 NCR 等行业巨头把持着市场，“替代手工操作”的效率进步是创新的方向。那个时代以主机/终端的计算模式为主，主机的计算能力强，数据处理主要集中在主机端。

2. 业务流程改进阶段

在计算广泛渗透的 PC 时代，软件产业快速发展，客户机/服务器计算架构成为主流，微软、英特尔软硬件两强结成了紧密联盟、地位稳固，二者成为主导创新的核心力量，围绕着二者形成了完善的生态系统，大量的 PC 厂商和软件企业在这个时代快速发展，SAP、Oracle 和 Dell

等企业都在这个时代成长为业界巨头。但总体来看，“业务流程改进”和生产效率提升是创新的重要方向，ERP，CRM 和 SCM 这类企业级软件以及以 Office 为代表的办公软件在这个时代蓬勃发展。

3. 满足消费需求阶段

随着宽带网络的快速发展，从 1994 年第一条 64Kbps 的网线把中国连通到互联网世界之中，到 2000 年左右中国互联网公司快速崛起，消费者对互联网的诉求从信息搜索发展到网上购物，即时消息和社交需求，以谷歌和百度等为代表的搜索引擎巨头出现，亚马逊和阿里巴巴等电商企业快速崛起，脸书和腾讯等社交平台异军突起，PC 互联网企业成为创新的主导，“满足消费需求”的体验塑造是进步的追求。

4. 全面应用阶段

随着互联网时代的日益深入，尤其是移动互联网和物联网开始成为互联网的端，无时无刻访问互联网应用成为现实。互联网应用可能会面临用户访问量激增（用户数量呈几何级数增长，数百万、数千万乃至数亿用户同时访问一个网站）、产品更新迭代速度加快（每个月互联网产品都有更新，传统软件开发一年更新一个版本)、数据量日益膨胀（全球范围内过去两年中数据量四倍增长）、系统功能愈加复杂（实现不同功能的系统不断涌现）等各种挑战。互联网公司能否成功应对，这直接关系到它们的生死存亡。对于互联网公司来说，峰值对计算和存储资源的需求往往与闲时差异很大，为应对忙时采购的计算资源在闲时就是很大的浪费，因此以弹性、横向可扩展、按量计费等云计算技术在这些公司率先得到应用和发展就成为必然。

在云计算时代，领先的互联网公司（如亚马逊、谷歌和阿里巴巴等）在自己业务应用中不断推动着云计算技术的进步并积累了丰富的运维经验，一旦时机成熟，他们逐步将自己的成功经验推广到外部，为创新创业企业以及传统企业向“互联网＋”转型升级提供平台和服务，推动着企业和产业互联网化的进程，带动“互联网＋”特性进入“全面应用”市场，涵盖了消费、生产的各种场景，在计算需求的核心领域，广大用户将享受到超强的计算能力和更为便捷、低成本的服务，使普惠计算和普惠科技成为现实。

因此，观察云计算产业的变化及其可能带来的经济、社会影响，聚焦这些从互联网公司脱胎换骨而来的“云计算服务平台”就至关重要。我们将会以丰富鲜活的案例展示云计算所带来的社会经济价值。

2.3　云计算有哪些关键技术

伴随着服务器、存储和网络等硬件成本的降低和处理能力的大幅提升，虚拟化、分布式计算以及容器（Docker）等云计算核心软件技术的发展保证了云计算服务能够快速发展。

1. 虚拟化与软件定义技术

虚拟化是提供云计算服务的基础技术，它可以让计算任务在虚拟的资源上运行。比如通过虚拟化软件，物理计算资源可以实现“一变多”在不同的任务之间共享、提高资源利用的效率，也可以实现“多变一”提供超强的计算能力。虚拟化技术根据其作用的资源不同，可以分为存储虚拟化、计算虚拟化（操作系统级虚拟化、应用软件级虚拟化和桌面虚拟化）以及网络虚拟化等。

随着虚拟化技术的范围扩充，软件定义（SDX）技术从软件定义网络（SDN）扩展到软件定义的数据中心（SDDC），实现整个数据中心的虚拟化，通过软件层整合数据中心的资源为用户提供计算与存储等多项功能。运营维护人员不必单独配置数据中心设备，只需通过软件控制器就可以轻松、快捷地管理数据中心的所有设备。

2. 云计算平台运维管理技术

云计算服务涉及对大规模计算资源的综合运用，如数量众多的服务器分布在不同地点，支撑着海量用户需求，有效管理这些服务器和应用，保证系统提供稳定、可靠的服务极为关键。云计算平台运维管理技术朝向自动化和智能化方向发展，能够使系统中的计算、存储资源协同工作，方便用户开展自助式、实时的服务，帮助管理人员快速发现系统故障、恢复系统功能，支撑大规模云服务的安全、高效运营。

3. 分布式存储和管理技术

云计算平台拥有众多服务器和存储资源，同时可以为海量用户提供服务。为充分利用存储资源、减少使用中的瓶颈，采取了不同于传统的网络存储方式，运用分布式网络存储方式，避免了存储服务器成为系统的性能瓶颈，由于分布式存储使用可扩展的系统结构，利用多台存储服务器分担存储负载，不但提高了系统的可靠性、可用性和存取效率，还易于扩展。为了提高数据的利用效率、充分挖掘数据的价值，相应的数据管理技术也必须适应分布式存储的特点，做到高效管理。

4．云端数据管理和分析技术

随着移动互联网和物联网的迅速发展，来自智能手机、物联网设备和社交媒体等多种来源的数据逐渐汇聚到云计算平台之上。面向异构大规模数据的管理、分析以及挖掘技术受到更多关注。为了尽可能减少数据传输数量、加快反应速度，传统的工具已不能满足要求。基于云计算平台的大数据处理和分析技术日益受到重视，云分析变得无所不在，高性能分布式数据管理平台、内存计算、NoSQL/NewSQL 数据库、自助式分析和数据可视化等技术在不断成熟，随着这类服务价格日益下降、性能不断提高，其采用率也在不断上升。尤其是人工智能、自然语言处理和深度学习等系列技术的商业化应用，带动着云分析有着更多的应用场景，基于云的大数据应用可以从传统的结构化数据分析扩展到对非结构化数据的更强的分析，更多地帮助用户发掘数据的价值。

5. 云计算安全技术

根据 IDC 的调研，安全是影响用户采用云计算的最大障碍。为确保共享资源中的数据安全和服务的可靠提供，云计算安全技术是保障云服务质量和水平的重要基础，也是云服务商之间的差异所在。云计算安全技术主要包括网络安全、数据与隐私保护、身份管理、安全漏洞管理、物理设备安全、应用程序安全和安全事件的响应等多个方面。

以分布式拒绝服务（DDoS）攻击为例，黑客通过仿冒大量的正常服务请求来堵塞网站，就像出行高峰时的交通瘫痪。对云服务商而言，能否从大量的请求中鉴别出恶意访问并完成清洗，是其安全能力的关键指标。目前，DDoS 攻击采用的手段越来越复杂，攻击的流量也越来越大。DDoS 攻击是游戏、电商、金融等网站业务可用性和可靠性的最主要威胁。在 2014 年年底，曾有攻击者对阿里云某游戏客户发起的 DDoS 攻击流量超过了 450Gbps，是互联网有史以来最大规模的 DDoS 攻击。

6. 云数据中心绿色节能技术

云数据中心一方面要注重实现快速部署、灵活高效、规模利用的要求，另一方面做到绿色节能也是应有之义。IT 设备、制冷系统、供配电系统是云数据中心绿色节能主要考虑的方向，比如高密度、低 PUE、模块化技术在云数据中心建设实践中不断推进。以阿里云在 2015 年 9 月落成的千岛湖数据中心为例，该数据中心因地制宜地采用湖水制冷。深层湖水通过完全密闭的管道流经数据中心，帮助服务器降温，再流经 2.5km 的青溪新城中轴溪，作为城市景观呈现，自然冷却后最终洁净地回到千岛湖。得益于千岛湖地区年平均气温 17℃，其常年恒定的深层湖水水温足以让数据中心 90% 的时间都不依赖湖水之外的制冷能源，制冷能耗节省超过 8 成。阿里云千岛湖数据中心如图 2－4 所示。

图 2－4　阿里云的千岛湖数据中心

千岛湖数据中心是国内领先的新一代绿色数据中心，利用深层湖水制冷并采用阿里巴巴定制硬件，设计年平均 PUE（能源效率指标）低于 1.3，最低时 PUE1.17，比普通数据中心全年节电约数千万度，减少碳排放量一万多吨标煤，也是目前国内亚热带最节能的数据中心之一。

除了节能，千岛湖数据中心的另一大特色是节水，设计年平均 WUE（水分利用率）可达到 0.197，打破了此前由脸书俄勒冈州数据中心创下的 WUE0.28 的最低纪录（据公开报道）。

2.4 生态系统与数据生产要素

2.4.1 云计算造就什么样的生态系统

随着云计算技术的日益成熟，社会各界对云计算服务认知与采纳程度的提高，云计算的用户在从中小企业和初创企业走入大型传统用户之中，政府、金融和国企等都开始青睐云计算服务这种新的应用。这个市场需求的不断扩大带动了云计算市场的参与方越来越多，丰富的物种在快速成长中形成了功能互补、协作创新的良好生态。云计算的未来也是“平台+个人”新型组织形式产生的源泉和基础，越来越多的创客成为云生态中不可或缺的中坚力量，主导着基于云的创新、创业的方向。

我们可以发现，云计算生态的主要角色如图2-5所示（实践中，一个企业可能承担了其中的一种或多种角色），有很多角色与传统ICT生态系统类似，但也产生了不少新的物种。

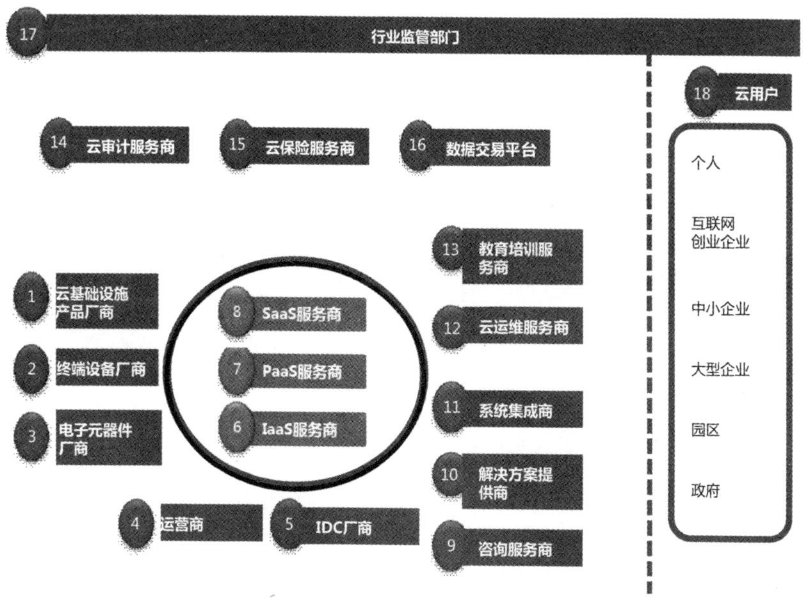

图2-5 云计算生态系统示意图

云计算服务提供商是生态的中坚力量（包括 IaaS 服务商、PaaS 服务商和 SaaS 服务商），其中服务于所有行业的“通用云计算服务商”起到了主导作用。

服务于特定行业的“垂直云计算服务商”为补充（游戏云、电商云和金融云等）。云计算服务提供商可以自建自己的数据中心向最终用户交付服务，也可以租用 IDC 运营商的数据中心交付服务。

云计算服务需求的迅猛增长，直接带动了相关基础设施硬件和软件厂商的产品销售。比如硬件企业，包括数据中心设备厂商（服务器、模块化数据中心、网络设备等），基础软件厂商主要提供虚拟化软件、资源管理软件、数据处理、存储及分析软件等，云计算服务提供商可以综合利用商用或开源的基础软件及自己开发的软件。终端设备厂商（移动终端、手机客户端和物联网设备等），乃至上游的芯片、内存以及存储设备厂商等。

用户在将信息系统向云端迁移的过程中，云咨询服务商可以提供有针对性的咨询服务，比如包括对云方案的评估以及迁移实施的服务等；解决方案提供商给予用户完整的云解决方案；云系统集成商提供软硬件采购和实施服务（尤其是在私有云建设上）以及跨不同平台的云服务整合实施，组织独立软件开发商进行定制化开发；云运维服务提供商可以选择将某些用户的运营维护外包，用户也可以将私有云的运营维护外包；云计算服务使用技能的发展，离不开教育培训服务商的参与。

此外，从第三方角度对云计算服务质量进行中立评估对云审计服务商，避免云计算服务中断带来经济损失的云保险服务商，在云计算平台之上或之间进行数据交易的服务商等新的生态角色也不断涌现出来。

云计算服务的用户涉及全社会的各类人群和组织，包括个人用户、互联网创业企业、中小企业、大型企业、依托云计算服务开展运营的园区以及致力于行使社会治理职能的政府机构。

行业监管部门将依据法规保证各类云计算服务质量，维护云计算生态参与各方的合法权益。

“通用云计算服务商”在云计算生态中，由于提供了最为关键的计算资源服务，连接了各方利益，主导着产业发展方向，是云计算生态繁荣发展的关键。抓住这一主线，整个云计算产业将会获得爆发式增长，势必传导到国民经济其他部门，产生巨大的溢出效应。

2.4.2 数据为何成为生产要素

IT（信息技术）打开了信息采集、处理与沟通的魔盒，便利了大众生活及社会生产。近三十年来，计算技术、存储技术、互联网技术与通信技术飞速发展，以“摩尔定律”为指引，CPU 计算能力、存储能力、联网主机数量和网络带宽呈现了指数级增长态势。

21 世纪的新十年，多种技术的量变带来了质变，并由于紧密结合形成了“井喷”效应。

从本体论来讲，数据就是事物的状态，因此海量数据一直静静地等在那里期待我们去利用。只有拥有了强大的数据处理能力，从“富矿”中才能提炼出“贵金属”。

如今，数据终于作为一种生产要素，介入了财富创造的过程。从 IT 到 DT（从信息技术到数据技术）的升级，让“数据经济”成为未来社会的主流经济现象。

由于端的设备飞速发展变化，尤其是智能手机和物联网设备的发展，带动了产生数据的能力，也就形成了大数据发展的重要源泉。大数据以数据量大、实时性强、类型多样、价值丰富为突出特征。数据采集、存储、处理、分析和展现技术的全面成熟，为人们挖掘这一宝藏提供了强有力的工具。除了作为必要信息驱动业务外（如金融交易数据、电子商务交易数据等），数据产品的开发（通过数据用途的扩展创造新价值，如精准营销和网络广告、信用评估体系等）更是为攫取数据财富开辟了新途径。

云计算和大数据就像一枚硬币的两面：云计算服务为大数据应用提供了成本低、灵活性强、性能好的海量存储和大规模计算环境，平台之上数据的存储与处理靠得更近、数据交换更为便利等构成了难得的优势，计算资源的集中、规模化提供助力大数据潜力的释放；大数据则为云计算提供了广阔的施展空间。

如图 2-6 所示，我们可以看到蓬勃兴起的“数据经济”体系，源源不断的数据正在生成（如机器和传感数据、事务处理和使用日志、社交媒体信息、电子邮件和消息、地理信息和移动数据等），云计算服务平台（数据平台）为数据赋能（存储、处理、分析），再经由服务交付方（他们在云平台上将数据处理之后），将增值后的数据（知识）提供给用户（个人、互联网创业企业、中小企业、大型企业、园区和政府机构等），以此实现特定的经济和社会价值。

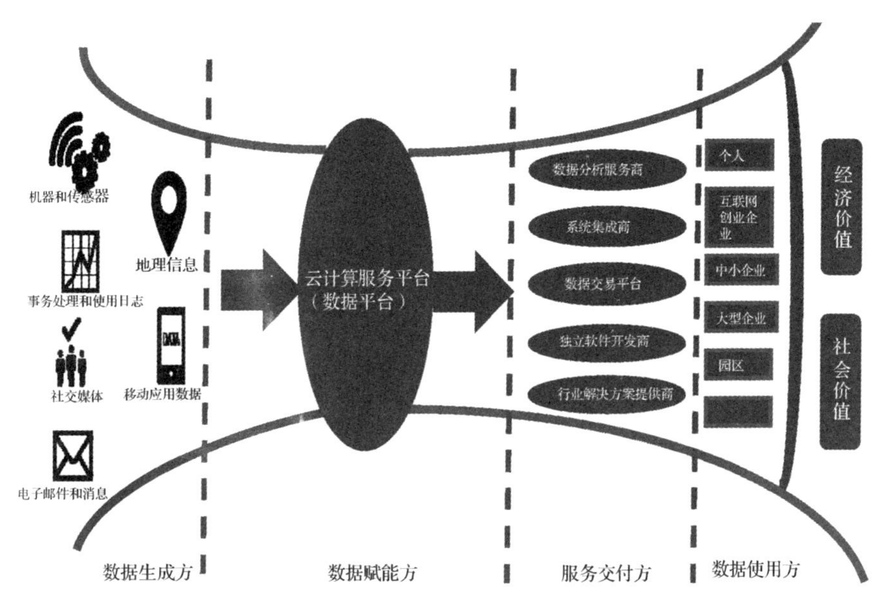

图2-6　数据经济体系：云计算与大数据密不可分

在这一“数据经济”体系中，云计算服务平台（数据平台）起到了聚集生产要素（数据），赋予参与方数据处理的强大能力，驱动从看似毫无意义的数据变成信息和知识，甚至成为智慧。云计算服务能力的增强，将支撑基于平台的组合式创新，产生更好的经济与社会效益。

2.5　国内外云计算政策解读

2.5.1　国外云计算政策

各国在云计算产业发展上积极推动、加强布局，力求掌控新一代信息技术的制高点，其行动主要体现在：开拓应用领域（制定云计算发展战略，率先在政务应用中引入公有云计算服务）、推动信任机制（引入第三方评估和认证，保障云服务质量和安全）、完善法律环境（不断完善云服务采购的制度和法律环境）等。

1. 开拓应用领域

美国通过《联邦政府云战略》，每年将联邦政府原有 IT 支出中的 1/4（约 200 亿美元）转为采购第三方公共云服务；2013 年，美国联邦政府的 IT 支出较 2010 年减少了 57 亿美元，其中云计算带来的支出减少作用显著。英国政府云计算战略（G – CLOUD）在 2015 年政府新增 IT 支出中的 50% 用于采购云服务，预期将减少 3.4 亿英镑支出。澳大利亚政府《云计算战略》，明确政府应率先使用云服务。俄罗斯、德国和韩国等也分别提出了云计算发展战略及行动计划。

欧盟网络与信息服务机构（ENISA）2015 年公布了一份就公共机构如何开展云服务政府采购的深度指导意见。这一称为《政府云采购安全框架》的指导意见对政府机构采购云服务时所面对的 4 个阶段、9 个安全活动以及 14 个步骤进行了较为详细的阐述，这 4 个阶段分别是计划阶段、实施阶段、检查阶段和验收阶段。

2. 推动信任机制

引入第三方评估和认证，保障云服务质量和安全受到各国普遍重视。① 美国：2010 年，美国云计算管理办公室安全工作组提出开展认证，凡是进入政府采购清单目录的云服务商必须经过统一认证，目前通过认证进入采购清单的 IaaS 和 SaaS 服务商分别为12 家和 22 家。② 英国：到 2014 年年初，已有 1 200 家服务商的 13 000 多项云服务通过了认证，可由英国政府部门采用。③ 日本：开展公共云服务认证，目前包括 ASP/SaaS、IaaS/PaaS 和数据中心三类。④ 欧盟：欧盟委员会在“释放欧洲云计算潜力”报告中提出建立云服务认证体系，随后成立了“欧洲云合作指导委员会”推动相关工作，已开始实施“可信赖云服务提供商”认证。

3. 完善法律环境

美、日、欧等国家和地区，在数据隐私保护法的基础上，通过发布政府云计算战略、信息安全管理法规等文件对云服务采购的细节（包括标准、合同、管控、评估等）做出了明确规定，减少了交易中的不确定因素，对“云计算服务”这一创新业务突破初期成长瓶颈，迅速普及奠定了坚实的基础。

2.5.2　国内云计算政策

国内各级政府部门对云计算产业发展给予了足够的关注，积极推动和布局了国内云计算产业发展。

1. 云计算支持政策出台恰逢其时[①]

2010 年，国家发改委与工信部联合下发《关于做好云计算服务创新发展试点示范工程的通知》（以下简称《通知》），确定北京、上海、杭州、深圳和无锡五个城市先行开展云计算服务创新发展试点示范工作，以推进我国云计

① 参考工业和信息化部电信研究院发布的《云计算白皮书 2014》等相关资料。

算产业发展和示范应用。《通知》掀起了我国云计算产业建设的高潮，此后全国的云计算规划接踵而至。国内主要城市都视云计算为发展信息经济的契机，以极大的热情推动云计算。试点示范的推出，为国内云计算服务企业背书，促进了它们用户基数的快速成长。

2011 年，国务院发布《关于加快发展高技术服务业的指导意见》，将云计算列入重点推进的高技术服务业；2012 年，财政部国库司发布《政府采购品目分类目录（试用）》，增加了 C0207 “运营服务”，包括软件运营服务、平台运营服务和基础设施运营服务三类，分别对应云服务中的 SaaS、PaaS 和 IaaS 服务，政府及公共管理部门采购云计算服务的重要制度障碍开始被逐步打破。

2014 年 7 月，国务院印发《关于加快发展生产性服务业促进产业结构调整升级的指导意见》，强调“积极运用云计算、物联网等信息技术”推动制造业的发展，进一步从生产性服务业的高度，明确了云计算服务的基础设施地位。

2015 年 1 月，国务院发布了《关于促进云计算创新发展 培育信息产业新业态的意见》，明确指出“云计算是推动信息技术能力实现按需供给、促进信息技术和数据资源充分利用的全新业态，是信息化发展的重大变革和必然趋势。发展云计算，有利于分享信息知识和创新资源，降低全社会创业成本，培育形成新产业和新消费热点，对稳增长、调结构、惠民生和建设创新型国家具有重要意义”。并且从指导思想、基本原则、发展目标、主要任务和保障措施等重要方面进行了深入阐释和清晰部署，这为云计算产业参与方统一认识、形成良好预期奠定了坚实基础。

中央网信办在 2015 年发布了**《关于加强党政部门云计算服务网络安全管理的意见》**文件，强调了党政部门采购云计算服务，有利于提高资源利用率和为民服务效率与水平，也从安全的角度强调了对党政部门应用云计算服务的重视。

2. 电子政务应用率先尝试云计算服务

政府是云计算的倡导者、政策制定者，但同时又是实践者。从政府角度来说，哪些应用适合用云计算呢？我们看到，非敏感信息相关的应用尤其是提供为民公共服务的应用非常适合使用云计算这样的平台。

各地政府在采用云计算服务满足电子政务新需求，提升行政效率上勇于尝试并取得了突出效果。2014 年 6 月，浙江政务服务网正式开通运行。2014 年年底，北京市海淀区建成统一的综合性政务云平台，该平台将成为海淀建设智慧城市的基础性平台，政务、医疗和教育等信息系统都将在该平台上运行。政务云平台上线后，海淀区将逐步把所有面向企业的审批审核事项以及面向市民的服务事项的智慧政务综合服务平台迁移到云平台上，实现网上统一办理，为群众提供智能、高效、便捷的服务。未来群众在海淀区办理人口计生、民政、残联和社保等事项，不必跑去办事大厅，可以直接在网上或者就近的社区服务中心办理。

洛阳智慧旅游平台通过采购云服务来满足旺季的弹性需求，在每年的旅游旺季系统访问量是其他时间访问量的3倍，该平台借助公共云平台的弹性资源服务实现了按需租用，从而节省了大量硬件采购成本和人工维护成本。

3. 推进可信云认证工作，建立良好发展环境

2013年开始，在政府部门的推动下，“可信云服务认证”活动开始展开，对国内主要云服务企业的云计算服务产品，从业务水平协议的完整性、服务质量和服务水平等多方面进行了分析和评估，帮助企业增强云计算服务的可靠性，并在流程、界面和协议等方面不断提高，同时也增强了市场的认可程度，对缩短公共云服务的导入期起到了积极作用。

案例 2－1

云上贵州应用

“云上贵州”是贵州省借助阿里云“飞天”大规模分布式计算系统打造的大数据业务平台，实现了大数据资源的开放、互通与共享。目前，贵州政府已经整理了工业云、智能交通云、智慧旅游云、食品安全云和环保云等七个领域的数据资源，在确保安全的前提下有序开放。贵州省级政府部门的更多数据将迁移至云平台，并引导企业数据上云。“云上贵州”让贵州省交通、环保和旅游等多个部门的数据统一存储在该平台的服务器集群中，可以实现数据的流动和共享，激发创新应用的出现，产生良好的经济社会效益。如图 2－7 所示。

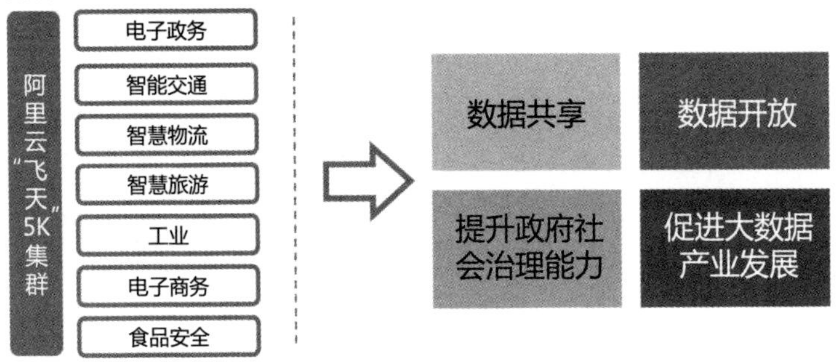

图 2－7　云上贵州应用带动中国大数据产业发展

案例2-2

德清政府为企业送云创新模式

2015年2月以来，德清县为加快信息经济发展，促进传统产业转型升级，推动万众创业、大众创新局面的形成，与阿里云携手，在“政府为企业送云”方面积极探索，受到了各界好评，“德清模式”的良好效果初步显现。

(1) 云服务创新券：创新券应用的新领域

在全面推进“云服务创新券”这一专项券上，德清先行先试走在了全国前列。在推广和普及云服务过程中，政府需要发挥正确的引导作用，以“云服务创新券”为杠杆，引起企业对云服务的关注，激发企业采用程度的不断提高。

(2) 云服务创新券政策的保障措施

✻ 设立“政府为企业送云”领导小组

✻ 确保财政资金投入

德清县财政每年投入不少于100万元，购买阿里云的云计算资源，免费提供给中小企业。云服务创新券以电子券形式送给企业，设定10万元、5万元和1万元三种面值。企业进入系统自主选择相应服务类别，经审核后即可享受云计算服务。

✽ 重视云服务使用技能培训

德清县深知云计算应用技能、云服务创新券（电子券）的使用知识对于顺利推进这项政策的重要性，因此邀请阿里云公司的技术和业务团队为德清县企业进行现场培训，并针对云计算、大数据的使用场景、系统向云端迁移的过程、各类云服务的购买及配置过程等内容进行深入、系统的讲解。

✽ 加强调研、与产业发展实际紧密结合

针对德清县各产业发展的实际情况，实现分领域重点突破、集中消除地理信息产业、金融业和工业制造业采用云计算服务的政策障碍、技术难题。

（3）分阶段实施、稳步推进

德清县在云服务创新券政策的推进上，分阶段实施、动态调整以利于稳步推进。

✽ 小范围试点阶段（一年内）

德清县政府根据需求调研及重点发展的产业，选取了 30 家信息化基础较好的企业先入手，为其他企业合理使用云服务创新券、拥抱云服务提供了范本。

✽ 大范围拓展阶段（二年内）

在拓展阶段，德清县云服务创新券的收益企业将增加到500家。云服务创新券的业务流程将更为成熟。政府与阿里云签订合作协议，再根据企业申请核定发放面额不等的创新券，资助企业采用云计算服务，严格监督、按照实际使用量对阿里云予以资金回报。如果企业采用了阿里云的服务，阿里云事后将从政府部门得到相关的费用结算。

✲ 全面化应用阶段（三年内）

在应用阶段，进一步扩大云服务扶持企业的数量，使云服务在德清县真正得到普及。进一步完善政策，最终达成扩展创新券方式，如可能按50%、80%等为企业负担部分上云费用，以减少资金使用上的漏洞。政府还将建立云计算产业引导基金，鼓励德清县云计算、大数据方面的应用开发和系统服务企业发展壮大。云服务创新券政策示意图如图2-8所示。

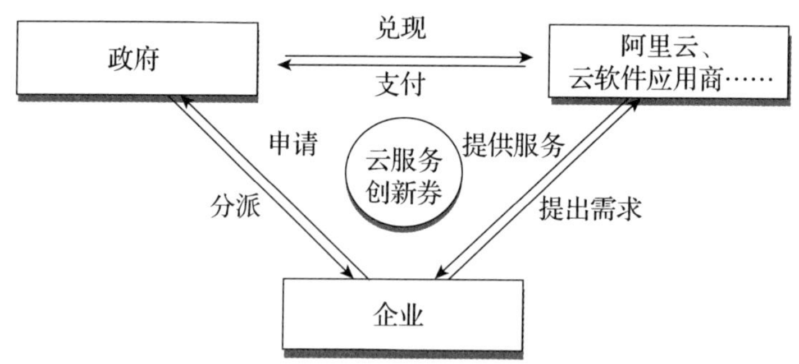

图2-8　云服务创新券政策示意图

德清县在推进“政府为企业送云”行动、“云服务创新券”政策制定和探索实施中，以其对云计算服务清晰的认识、通过技术服务企业的积极态度、优质合作伙伴的选择、政策保障机制的建立、分阶段实施的策略和数据提升治理能力的追求上开风气之先，在试点阶段已经取得了良好成效。其经验和模式具有可复制性，值得研究推广。

案例2-3

12306网站利用云计算让回家的路不再遥远

节假日期间，通过12306网站购买火车买票对老百姓来说是一件很平常的事情，但这也就导致了在此期间的购票人数激增，尤其是2012年，12306网站经历了春运高峰之后倍感压力，所以他们希望通过引入外部的技术力量来解决相关问题。

据公开资料显示，2015年春运火车票售卖的最高峰出现在12月19日，12306网站当日的PV值（页面访问量）已经达到破纪录的297亿次，平均每秒PV值超过30万次。当天共计发售火车票956.4万张，其中通过互联网发售了563.9万张，占发票总数的59%，开创了春运网站发票量的新高。

据业内人士透漏，对于12306网站来说，真正的系统压力并非是外界所说的购票环节，而是出现在火车票的查询环节上，这才是12306网站系统的关键瓶颈。这是因为火车票查询业务要占12306网站整体流量的90%以上，业务高峰期并发请求密集，对整个业务系统的性能要求比较高。一般我们在买票过程中，都会多次提交查询请求，更不要说大量刷票软件问世后更加加剧了这种工作的负载量，这一切都让余票查询成为整个系统的短板。

为了消除短板，12306网站决定与阿里云合作，把75%的查询业务放到阿里云平计算台上，这样12306网站可以选择根据访问量按需购买云计算资源，节省了大量的硬件采购成本。一位参与12306网站项目的工程师说，12306网站选择引入阿里云计算平台以后，一方面可以让12306网站在高流量时拥有充足的空间，避免了由于高并发的流量冲击导致的宕机，另一方面，也可以在请求次数减少时，缩减空间，这样就节省了大量的成本开支。除此之外，将余票查询系统（非核心系统）托管在公有云上，也降低了一次性全部上云的复杂性。

2.6　云计算产业加速进行时

2.6.1　云计算产业势不可挡

作为一种颠覆性技术，云计算将在某种程度上影响未来的经济发展方向。著名的咨询公司麦肯锡预测：在未来10年间，云计算对经济的影响力将跃升至“万亿”美元规模，仅次于移动互联网对经济的带来的影响（见图2-9）。第三方咨询机构IDC预测：2014到2018年公共云服务市场增速将会是整体IT行业的5倍。

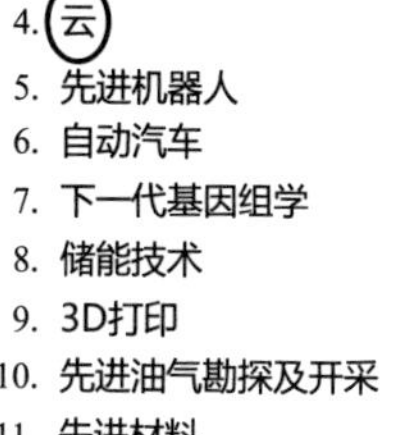
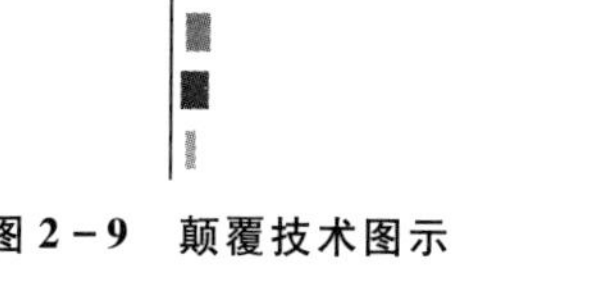

图2-9　颠覆技术图示

资料来源：麦肯锡，《决定2025年经济的12大颠覆技术》

纵观现阶段全球云计算的发展，美国凭借云计算技术发源地的优势，是云计算服务市场的最主要主导国家，以 Google、Amazon 为代表的互联网企业，以 Salesforce 为代表的原生云服务商，以及 Microsoft、IBM 和 Oracle 等传统 ICT 巨头们都在云计算市场投入巨资，凭借技术、产品和市场优势在全球云计算产业中占有举足轻重的地位。但伴随着以中国为代表的亚洲市场的后发力量，中国逐渐从云计算领域开始发力。我们预计在未来的云计算市场中中国力量将会崛起。

同美国相比，中国虽然目前在全球公共云计算市场占有率不高，但我们认为未来 5 年将会呈现快速增长的势头。尤其值得一提的是，根据 IDC 的最新数据显示，在 2015 年的全球 IaaS 市场中，阿里云已经跻身第五大服务商。中国云计算产业发展空间广阔，涌现出了阿里云、百度云、腾讯云、中国电信天翼云和华为云等产业推动者，旺盛的市场需求为国内云计算服务生态的繁荣奠定了基础。预计到 2017 年，中国公共云市场将会在现有规模上翻番。

2.6.2　云计算服务模式依然 IaaS 为重

根据我们的观察，由于中国用户在使用云计算服务还处在起步阶段，因此重头还是在 IaaS 市场，以替代传统的硬件采购为主。但随着“互联网 +”战略在各大行业的陆续落地，推动着越来越多的应用开始转向云计算服务模式，PaaS 和 SaaS 类服务受到更多关注。

1．IaaS 模式

IaaS 是在云计算时代替代传统硬件的主要服务，用户对它的接受程度最高，占有份额最高，尤其是弹性计算云存储和 CDN 服务的发展非常值得关注，引领了整体云服务市场的增长。目前，中国主要的公共云计算服务商也是主要以提供 IaaS 服务为主。

2．PaaS 模式

虽然 PaaS 市场规模远小于 IaaS 和 SaaS，但 PaaS 决定着用户端以及 SaaS 厂商的黏性，因此 PaaS 的易用性以及基于 PaaS 的开发者生态对于云服务商非常重要。PaaS 服务商会不断增强平台易用性，提供更多开发套件、成熟的应用接口与丰富的开放平台服务目录，以激活更大规模的

SaaS 市场。

3. SaaS 模式

中国 SaaS 模式增长空间广阔，近几年将迎来 SaaS 创新服务的高潮。目前，SaaS 服务类型集中在协作软件服务、客户关系管理服务、人力资源管理服务方面，未来将会在 ERP、SCM 服务和行业类 SaaS 方面有比较大发展空间。

中国公共云细分市场发展趋势如图 2－10 所示。

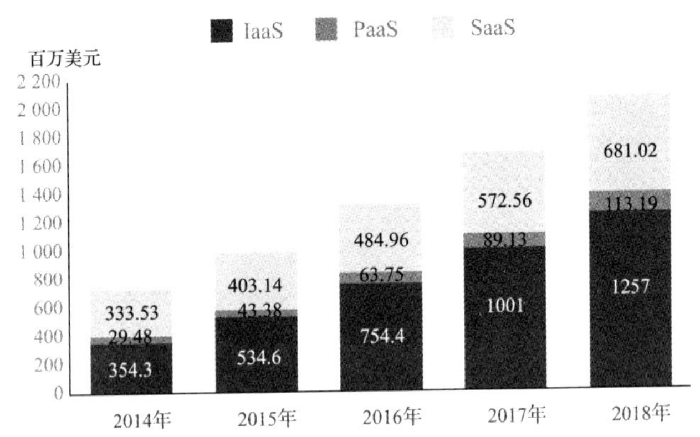

图 2－10　中国公共云细分市场发展趋势图

资料来源：IDC Briefing

据IDC的数据，2014年全球云计算市场规模大约1 520亿美元，而中国云计算市场规模约36亿美元，仅相当于全球市场规模的2.3%，这与中国经济地位并不相称，同美国等云计算普及率较高的市场差距更为明显。中国用户重硬轻软的思维在云服务市场依然明显，这也是IaaS市场规模要远大于SaaS和PaaS市场的关键原因。政府的支持政策将会加速中国云计算市场的发展，给行业带来良好的外部发展机遇，上云的用户群在从中小企业用户扩展到大型企业以及政府用户，同时主流云服务商也在加大技术研发和推广力度，中国云计算市场大发展时代来临。

2.6.3 云计算市场中美双星闪烁

正如互联网世界中，中美两国呈现双星闪烁的局面，中国的BAT三大互联网服务商都已在全球互联网公司中排名前十，我们判断云服务世界也会以中美两国的角逐为主（见图2-11）。我们会发现，云计算产业的发展最重要的推动力量都是来自互联网公司自身技术的输出，完全不同于ICT时代。Google和Amazon是美国互联网企业的代表，如今在云计算技术和产业发展方面起着主导作用，虽然

AWS 市场占有率位居第一，但 Google 和微软的增长速度也不可小觑。中国以阿里云为代表，在把自己互联网业务运营中应用成功的经验和技术输出到更多行业用户和创新创业企业中，开始在云计算市场上扮演重要的角色，尤其是赋能行业用户的“互联网 +”能力方面体现出中国力量的崛起。

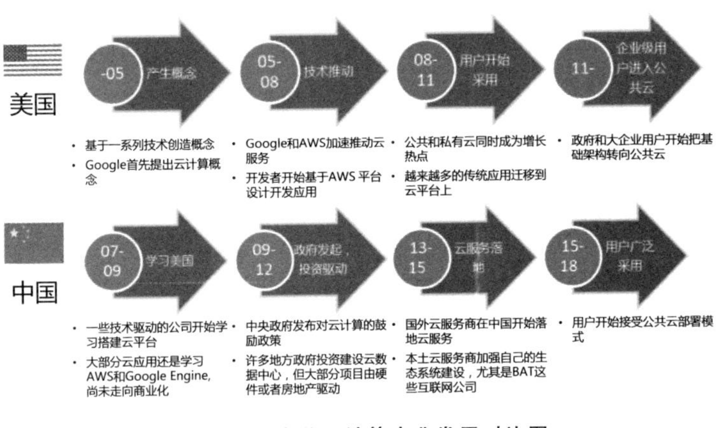

图 2－11 中美云计算产业发展对比图

美国云计算发展路径：

1. “产生概念”阶段

美国从 20 世纪 50 年代至 2005 年，出现了“网络就是计算机（SUN）”“高性能计算（HPC）”“网格计算（Grid Computing）”“并行计算”“虚拟化”“Hadoop 与

MapReduce 分布式技术”等各种理论与技术探索，经过近 50 年的 IT 技术、互联网技术积累孕育出了云计算产业。互联网的发展促进了数据要素的快速扩展和流动，也带动了大数据技术的产生以及产业的兴起。“大数据 + 云计算”发展的同时也促进了美国互联网产业的进一步繁荣。

2.“技术推动”阶段

在 2005 ~ 2008 年，Google 和 Amazon 两家互联网巨头由于业务的需求驱动衍生出了云计算技术的雏形，并且这两家都保持了强大的云计算技术持续创新能力，定义云计算概念（2006 年，Google 和 Amazon 推出 S3 云存储和 EC2 计算服务）、基于大规模的基础设施资源陆续推出了 IaaS 和 PaaS 服务并且持续迭代优化，为全球创客和广大开发者群体提供了快速、低成本的开发平台资源与应用运营环境。与此同时，互联网企业与传统 IT 企业（例如，2007 年 Google 与 IBM 合作，2008 年雅虎、HP 与 Intel 合作，2008 年 Oracle 与 Amazon 合作）联手将云计算服务（软硬件设备与技术支持）向美国高校、欧美研究机构率先普及。

3. “用户开始采用”阶段

在2008～2011年间，云计算服务逐步被美国乃至全球市场用户所接受，以Salesforce为代表的企业级SaaS服务闪亮登场（2008年）。另一方面，以Apple iCloud为代表的个人级IaaS服务迅速普及；仅在2008年一年中，Google推出了GAE（GoogleAppEngine），微软发布了Azure的公有云平台，2009年思科与VMware也推出了云计算解决方案，2010年“OpenStack”开放源代码计划出台。然而，每家技术公司对云计算概念的定义都不同，众说纷“云”。

4. “企业用户采用公共云服务”阶段

美国的《联邦政府云战略》中规定每年将联邦政府原有IT支出中的1/4（IDC：2014年美国政府云计算采购达到64亿美元）转为采购第三方公共云服务，截至2014年上半年已有300多家政府机构和1 500多家教育机构使用了公共云服务，此一项转变每年都为联邦政府节省了几十亿美元开支。据Neovise和Unisphere调查研究表明，超过半数的美国企业在使用公共云服务。大量政府和产业用户逐渐将关键业务系统转移到云平台上。

中国云计算发展路线：

中国云计算发展的历程要比美国大概晚 5 年左右时间，其发展状况如下：

（1）学习美国阶段

在 2005 年前后，国内大型企业用户正在密集开发应用系统与建设数据中心，并将分散在全国各地的所有数据中心进行"全国大集中"（从物理集中向逻辑集中），云计算市场尚未启动，互联网产业主要还处在从 Web1.0 到 Web2.0 的转型阶段，大型企业级用户采用的技术以 IOE 架构（+J2EE）为主流，中小型互联网企业采用 LAMP 开源架构（Linux + Apache + MySQL + PHP）。一些大型互联网企业由于业务量、用户量剧增从而倒逼技术革新，学习借鉴美国云计算技术理念，自主研发云计算相关技术，产生了云计算的技术基础与商业雏形。

（2）政府发起，投资驱动阶段

在 2009～2012 年间，伴随着美国大型 IT 厂商在中国热炒"云计算"概念，推动中国政府建设自己的云计算中心，中国国内具有胆识的互联网企业、电信运营商等机构纷纷构建、运营自主研发的云计算平台，可以说 2009 年是"中国云计算元年"，阿里云公司就是在 2009 年成立的。中央政府发布对云计算的鼓励政策，并推出云计算试点城市。许多地方政府投资建设了云数据中心，但其中大部分项目都是由硬件或者房地产驱动，概念的炒作超过了实际应用和市场需求。

（3）云服务落地阶段

2013 年起，国外云服务商全面加速在中国的落地云服务（Amazon AWS、Microsoft Azure、IBM 公共云），以 BAT 为代表的本土云服务商也开始加速云计算服务产品的研发进程，加强和完善自己的生态系统建设，与国外云服务商以及传统 ICT 厂商从中小企业上云至大企业云迁移等多个市场细分领域短兵相接。

（4）用户广泛采用阶段

2015 年起，伴随着云计算服务商提供服务种类的不断丰富，服务水平的进一步成熟和服务质量更有保障，云计算在中国不同行业开始落地生根，移动互联网、游戏和电商等创新、创业类应用已经逐渐把云服务作为默认配置，政府、金融等传统行业类用户等对云计算服务的理解和实践逐步深入，云计算平台成为互联网类应用以及大数据类应用的基础设施，专有云、混合云和公共云协同发展。

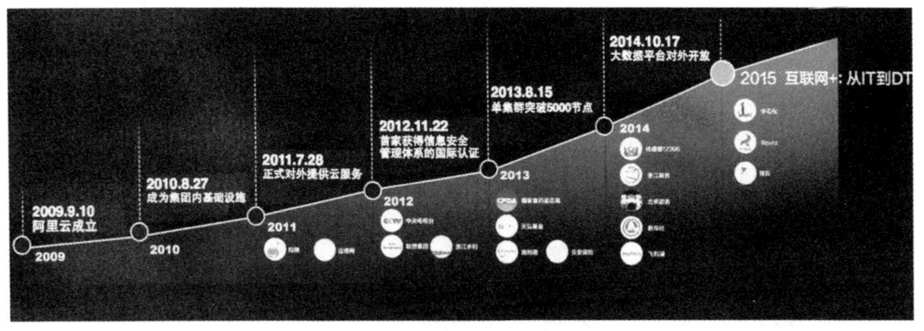

图 2－12　阿里云发展路径图

根据 2015 年 IDC（互联网数据中心）发布的数据显示，在中国公共云 IaaS 市场上，阿里云市场占有率第一，达到 29.8%。中国电信、中国联通为代表的运营商在 IaaS 市场凭借其 IDC 以及带宽资源等优势拥有较高占有率。微软、AWS 为代表的外资云及合作伙伴（如世纪互联）在国内增速很快。在 IT 时代，市场主导者都是以 IOE（IBM、Oracle 和 EMC）为代表的国外厂商为主，而今天市场主角已经逐渐变成了互联网公司。

中国的公共云服务商共有如下四种类型。

（1）互联网与创业公司：阿里云、腾讯云和百度开放云等将原有支撑海量互联网业务用户的技术平台与资源转向对外商用服务的通用云平台，而 UCloud、青云属于创业型云计算服务商，选择细分领域切入市场。

（2）电信运营商、IDC服务商：以中国电信和联通为代表的电信运营商依托天然优势的网络资源与技术能力，通过转型云计算等增值服务避免“管道化”，而以世纪互联、万国数据为代表的传统IDC服务商通过转型云计算改变原有卖机架的盈利模式升级为新的卖服务的商业模式，但这类服务商由于原来在软件领域的积累比较弱，因此会倾向于与其他软件实力强的厂商进行合作。

（3）跨国公司：提供云计算服务的跨国公司分为两类，一类是与阿里云类似的亚马逊AWS基于互联网基因提供云计算服务或原生的云服务商（比如Salesforce），另一类是像微软、IBM这样的传统IT软硬件厂商，在互联网经济的冲击下，根据云经济新范式将自身从软硬件产品销售模式逐步改造为云服务模式，以跟上产业升级的步伐。

（4）传统IT厂商：以华为、浪潮为代表的国内本土IT厂商，尤其是服务器和存储硬件厂商依托其技术研发能力、企业市场经营能力以及在行业用户端的浓厚积淀，从专有云解决方案提供入手，逐渐渗透到公有云服务领域。

在中国云计算市场的版图中，我们看到本土的云服务商的业务模式具有以下发展特征。

首先，基因衍生出特色云服务：来自不同行业、不同领域的云服务商都将原本的业务或资源优势与云计算相融合，例如将移动端、电商资源作为云计算服务上层的增值服务，将社交流量或游戏渠道资源适配云服务，将传统软硬件基于行业的解决方案与云计算相融合，每一家云服务商都在依托自身基因创造出各具特色的云服务物种。

其次，平台＋生态趋势：云计算服务是以提供通用计算和存储资源的平台为基础，未来将会是云生态体系的竞争，生态圈的完善意味着合作伙伴能够在云平台上提供更加丰富的服务类别，从国内市场来看，基于云平台的生态搭建还处在起步阶段，目前主流云计算服务商都在竭尽所能地营造最受合作伙伴欢迎的生态环境，为未来赢得更多的盟友与市场。云计算服务商分类如表2－1所示。

表格 2-1　云计算服务商分类

云服务商种类	服务类型	服务商举例
SaaS 服务商	• 提供通用型应用软件服务，比如客户关系管理、协作软件服务、人力资源管理服务、ERP 服务以及垂直类应用服务（比如游戏类）和电商类应用服务 • 用户不需要关注任何底层的软件或硬件资源	• 国外：Google, Salesforce, Oracle, Microsoft Azure 等 • 国内：北森、用友、金蝶和商派等
PaaS 服务商	• 提供可伸缩的应用程序环境 • 能够灵活地开发任何类型的应用，受限于平台可用的框架 • 不需要关注任何底层硬件资源的概念	• 国外：AWS, Micr-osoft Azure，Google 等 • 国内：阿里云、腾讯云、新浪云和 UCloud 等
IaaS 服务商	• 硬件及与硬件相关的软件作为服务交付，包括计算资源/存储、CDN 以及负载均衡和安全等服务 • 基于虚拟化技术和分布式计算与存储技术等	• 国外：AWS, Microsoft Azure，Google, IBM Softlayer 等 • 国内：阿里云、腾讯云、华为云、UCloud、中国电信和青云等

第三部分

看价值：从内而外衍生社会经济价值

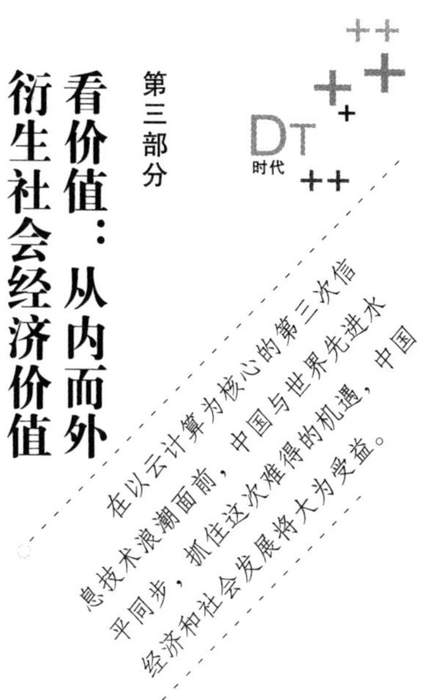

在以云计算为核心的第三次信息技术浪潮面前，中国与世界先进水平同步，抓住这次难得的机遇，中国经济和社会发展将大为受益。

从全球来看，目前云计算处于产业化与广泛采用的关键阶段。与以个人计算机为核心的第一次信息技术浪潮、以互联网为核心的第二次信息技术浪潮不同，在以云计算为核心的第三次信息技术浪潮面前，中国与世界先进水平同步，抓住这次难得的机遇，中国经济和社会发展将大为受益。

3.1 信息产业变革的四大方向

1. 实现计算服务专业化

通过专业化深化社会分工，进而提高生产效率、促进经济发展水平，已经成为各界对经济向纵深发展的共识。云计算服务的专业化，为经济增长提供了新的可能。

如前文所述，互联网的爆发式增长带来了用户访问量的激增、数据量的膨胀和系统复杂性的空前提高。互联网企业首先感受到了这种态势的冲击，最初他们通过扩张硬件设备的数量而疲于应对，运营维护耗费了大量的人力、物力，业务的创新受到了抑制。为了应对这种局面，他们在云计算技术上寻求突破，并成功破解了这一难题。为了更好地利用闲置计算能力并获取经济收益，云计算服务得以专业化输出，计算领域新的分工由此形成。

（1）由于计算资源集中，规模经济带来成本降低、技术升级更迅速。

（2）由于能力按需提供，信息系统的灵活性得以提高，全社会冗余的计算资源大幅度减少。

（3）由于运维经验积累，安全性、可靠性更有保障。

（4）云计算为企业带来的成本支出方面的最大变化，就是把 CAPEX（资本性支出）转换为 OPEX（运营成本）。按需采购、无须提前采购软硬件设备，造成了财务账目上的重要变化。根据埃森哲的研究报告《云计算使用之初的风险与回报》显示，降低资本支出和缩减日常 IT 成本是企业组织青睐云计算及服务的首要原因。相比大型企业或发达国家，新兴市场、小城市和小企业更容易从云计算当中获益。

具体来讲，云计算成本的节省是相对于企业自建 IT 基础设施和应用来说的，差异主要在于诸如软硬件、维护与支持以及设施之类的资本和运行开支，还有IT人员的投入。利用云服务在实现软硬件成本节省方面优势相当明显。可以看到国内外多家大型云服务商频繁降低价格，其实也是因为这些云服务商通过搭建大型云数据中心从而在采购服务器、存储、网络产品以及制冷设备等方面都有明显的成本优势，这种成本优势使其能够降低云服务的价格。

无论是大型企业还是中小企业用户，云计算服务带来的最重要的成本节省主要来自运营维护和支持。云计算服务商通过自己专业的技术人员和相关产品提高了云服务的集中化的运维和支持能力，而其他企业很难做到这一点。

设施方面呈现的成本差异主要是数据中心地面空间、保险和加热、通风和冷却方面的成本。云计算服务提供商能够把设施部署在相关能源和基础设施投入成本较低的区域，而企业则通常只能把他们的数据中心部署在公司的总部或主要卫星城市办事处或其附近。云计算服务提供商在这方面成本也更低。

根据第三方机构的调研，企业应用从传统IT架构迁移到公共云服务可以节省70%的成本，而这个成本既包含软硬件的投资成本也包含后期维护和支持方面的成本。

在全球信息沟通加速、商品生命周期普遍压缩的大背景下，云计算专业化服务的提供让企业能够安心地减少IT相关人员和资金投入，卸掉沉重的运维负担，专注于核心竞争力的建设，意义可谓重大。

2. 实现软硬件松耦合

发达国家的IT巨头凭借软硬件的紧耦合模式，长期以来控制着全球市场的绝大部分份额。紧耦合是指软硬件必须紧密配合，用户购买了IT巨头的软件就必须购买其专用硬件，其实质是用户被锁定了。而真正的云计算可以实现软硬件的松耦合，因为云计算操作系统的部署、云计算服务的使用，不依赖于专门的硬件设备，用户选择的灵活性大增。

在云计算时代，我们看到传统IT巨头仍固守旧有的"计算机+软件"模式，却打着"云计算"的旗号推销昂贵的IT专用设备和软件。他们的用户在软硬件设备购买、升级及运行维护上将付出巨大而持续的费用。这有利于他们原有商业模式延续和知识遗产利用。国内IT企业如果继续跟随其步伐，我国IT产业就仍将处于附庸地位，对国内经济发展很难发挥重要影响。

信息技术领域，由于先发优势，发达国家的企业主导着技术范式及发展格局。信息技术的走向与这些国家的IT

知识积累、企业需求紧密相关。云计算技术的出现，让软硬件松耦合成为现实。我国信息技术企业只要针对国内企业在计算能力利用上的实际需求，就能获得良好的发展机遇，摆脱跟随状态，主导产业发展方向。

3. 提供数据应用载体

云计算服务通过资源集中方式解决了计算能力问题，即从依赖“计算机”向依靠“云计算”服务转变；软件的开发难度持续降低，其功用更多地体现在对后台数据的利用上。没有网络连接的海量后台数据支持，软件的能力将大打折扣，用户必然从看重“软件”向看重“数据”转变。我们可以认为，信息技术发展的范式正面临重大转向，将从“计算机 + 软件”向“云计算 + 数据”演进。（见图 3 - 1）

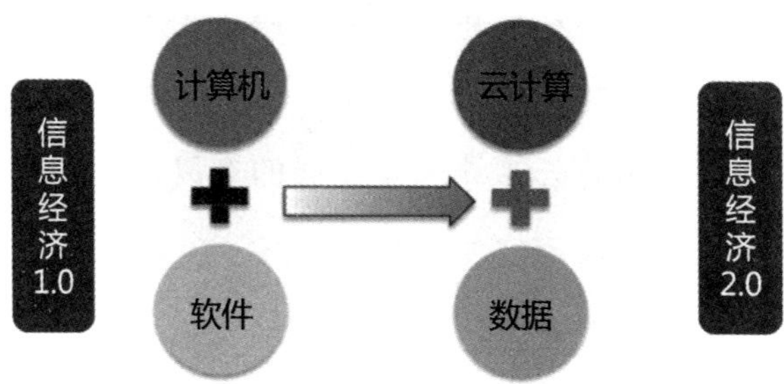

图 3 - 1　信息技术范式变革

4. 推进科技创新发展

世界各国的竞争已从实体空间向网络空间延伸，数据资源被认为具有战略意义，各国已经加强了布局与控制。

美国的爱国者法案、经济审查制度等直接针对信息技术领域，对数据的控制权全面涉及。存放于国外企业信息平台上的数据，将面临被全面监控的风险。斯诺登事件爆发后，这一担忧骤然升级。掌控数据资源，已经上升到维护国家经济安全的高度。

西方发达国家通过国内立法、国际规则等多种形式，在高精尖技术贸易上对我国始终采用限制措施。作为未来经济发展的核心驱动力的云计算服务，也难逃严格控制。如果使用西方国家IT巨头主导的“云计算”服务，数据的安全性、服务的可持续性都将存在潜在风险。发展具有自主知识产权的云计算技术和服务意义重大，事关国家经济安全。我国云计算企业在技术及运维服务上，已处于世界先进水平。乘着云计算迅猛发展的东风，我们有机会在这一波的科技创新领域实现自主可控，有机会从以前的技术跟随者和消费者角色转变为领导者角色。

以阿里云的诞生和发展为例。基于多年对技术的孜孜追求，阿里巴巴开始把自己强力的技术能力对外输出，向外提供计算、存储和大规模数据处理等云计算服务，建立起庞大的云计算生态体系。今天的阿里云已经成长为国内云计算服务领域的佼佼者。阿里巴巴自主研发的飞天 5K 集群、MaxCompute 大数据处理平台和 OceanBase 数据库能够支撑“双 11”期间 912 亿元的交易量，显示了阿里巴巴大数据技术领域的强大实力，为我国企业实现从技术消费变成技术原创奠定了坚实的基础。目前，阿里云赋能的客户涵盖了政府、大型企业和创业型企业等多种客户，为基于互联网的创新、创业企业大大降低了门槛，提高互联网创业企业的创新效率，也成为传统行业企业用户的“互联网 +”转型的技术支撑力量。

众所周知，包括大型金融机构、电信运营商和大型国企等为代表的国家经济命脉如今依然是采用以 IOE 产品为核心的 IT 基础设施。从这个角度来看，阿里巴巴非常有希望成为我国云计算和大数据技术领域的国家企业，为提升我国在技术战略上的全球地位贡献力量。

3.2　成就创新创业的引擎

1. 激发和提速互联网创新能力

大众创业、万众创新是目前国家新经济发展的主线，而基于互联网服务的创新、创业成为最受关注的方向之一。基于互联网服务的创新、创业受传统体制的掣肘最少，因而展现了极强的活力，以“增量崛起”的态势成为创新最活跃、成长速度最快的新经济领域。在电子商务、搜索引擎、社交通信、在线游戏和网络视频等细分领域，我国互联网企业的发展速度和创新能力均处于领军地位。

以智能终端为接入界面，互联网服务的种类逐渐从门户网站主导的网页形式向异彩纷呈的 App 应用转变。App 应用的蓬勃发展更多地以云计算服务为支撑、通过后台丰富的数据驱动，开发和发布的门槛降低、创意受到极大激发。2013 年年底，苹果 App Store 与谷歌 Google Play 应用下载规模均达到 500 亿次，应用规模均超过 100 万个。腾讯、阿里和百度等企业探索通过深度挖掘移动即时消息、手机支付、地图和购物等能力，在自身核心应用领域搭建超级 App 平台。在这些平台之上，互联网服务创新能力得到了极大激发。

随着互联网渗透到世界各个角落，尤其是中国的移动互联网用户数已经达到 6.19 亿（根据 CINNIC 最新数据），在线用户数量波动成为常态。计算资源准备少了压力大难以应付，投入多了又可能造成大量浪费。云计算服务的资源弹性伸缩、快速调整、低成本、高可靠性的特质，可以帮助互联网企业解决这方面的难题。根据初步测算，云计算相对于传统 IT 平台来说，将会提升互联网创新效率高达 300%。iOS 应用商店下载量如图 3－2 所示。

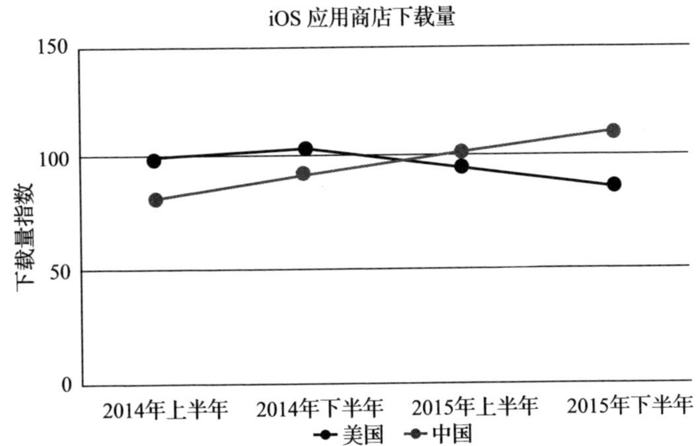

图 3－2　中国 iOS 应用商店 App 下载量已经超过美国

（数据来源：**AppAnnie**）

案例 3－1

货车帮打造公路物流领域的“阿里巴巴”

有那么一家企业，是马云在德国汉诺威工业展上向默克尔总理推荐的，是马云向美国奥巴马总统介绍的互联网创业企业，这就是货车帮。

通过移动互联网，基于阿里云计算平台，通过撮合空车与货源，减少空驶，货车帮2014年帮助中国货车司机节省空驶油费约100亿元。相比欧美发达国家，中国的公路物流处于原生态，信息化程度很低。我国社会物流总费用占GDP的比重约为18%，是美国的2倍。除了产业结构偏重、流通效率偏低之外，一个重要的原因是我国85%以上的大型货车都是个体户经营，物流运力绝大部分依靠分散经营的700万辆的中长途货车和近2 000万辆的中短途货车。我国每年因货车空驶带来巨大的能源浪费和环境污染。

"货车帮"App可以让货车司机用手机发布空车信息、寻找货源、计算运费报价，还有保险计算投保等附加功能。目前，货车帮已经聚集了认证物流企业近30万家，认证货车超过100万辆，每天有超过200万条中长途货运信息发布，每日成交5万多单，运费超过5亿元。根据阿里云平台的数据轨迹测算，2014年货车帮为货车节省的空驶油费超过100亿元，2015年这个数字有望超过400亿元。

用移动互联网撮合货源与运力，货车帮被很多人视为"货运版滴滴"。但在创业者自己看来，跟按距离标准化收费的"滴滴"不同，货车帮解决了货运定价非标准化下的车货匹配，推动了物流行业的互联网化。在某种程度上，货车帮更像是公路物流行业的“阿里巴巴”。货车帮是“互联网+”改造传统行业的一个典型入口。由于移动互联网的介入，压缩了不合理的耗损，公路物流每个环节的运营模式和经营者都能大大提升效率、改善生产模式。

例如，传统物流产业园原来主要是为司机提供停车休息以及信息交汇的服务。由于车辆的过度集中，往往带来超级堵车、公路损毁和脏乱差等。移动互联网可以疏导这种需求，更合理地匹配车货两端，园区可以依托货车帮平台为司机提供更多增值服务。通过这个公共信息平台，全国原本割裂的物流园区串成一串“珍珠项链”，更多的信息交互大大提高了货车司机和物流园区的生产效率。未来，一些物流园会逐步转化成智能化的、真正拥抱互联网的“卡车司机之家”。

货车帮是在重构行业生态，围绕货和车这两个最高频的核心维度，逐渐渗透到产业链上下游，包括汽配、汽修和汽车金融等。比如，一个轮胎从厂家到总经销商、分销商再到门店，价格几乎要翻番。货车帮的未来就是要完善这个产业链生态，压缩不合理的中间成本，为社会创造价值。

尽管拥有庞大的人流和信息流，货车帮并没有急于介入交易和“变现”，货车帮最大的价值在于挖掘了庞大的货车司机的数据和信用。为了保证货源真实性和司机的诚信度，货车帮对货主和车辆有严格的线下认证流程，并在发布信息真实性、信用担保、交易、支付、在途监控、索赔和客服等方面做了大量的工作。比如，对物流企业需要验证营业执照和营业场地，对货车司机则需要验证车辆行驶证、驾驶证和身份证等。

例如，司机如果因为平台信息问题而空跑一趟，货车帮将支付最低500元的赔偿。2014年，货车帮因此赔付了150多万元，但随后从货主方面收回了110多万元。这表明，大部分违约不是货主的主观意图造成的。对于货主，如果从平台上找的货车造成货物损失，货车帮将赔付30万元，迄今这种情况还未发生过。

基于“信用”这个富矿，货车帮意图试水互联网金融。例如，跟太平洋保险合作推出货运险，基于大数据和基础平台分析，保险公司可以根据司机的信用状况以及不同路线风险系数、路况、货物损害率等给出不同的费率，信用好的司机可以享受更低费率。又比如，现在很多司机从接货到最终拿到运费的链条很长，随着用户群的增加，货车帮正探索引入供应链金融，帮助货主垫付运费。（本文内容主要来自经济参考报）货车帮基于云计算平台的创业之路如图3-3所示。

图3-3 货车帮基于云计算平台的创业之路

2. 加速传统产业升级

我国的传统产业，尤其是第二产业为主的工业制造企业，在中国经济转型中依然扮演着重要角色。“互联网+”如何能赋予这些传统产业以新的活力，实现快速升级转型，才能促进中国经济的持续健康发展。在适应多变的市场环境，走上以效率驱动替代投资驱动的新型道路方面，将传统的信息化应用利用云计算这样的平台进行创新是互联网+传统产业的基石。在这个过程中，互联网就会从面向消费者的“消费互联网”向面向生产领域的“产业互联网”加速转变。

第一步：企业要主动联网，从线下转为线上，与消费者、合作伙伴对接，主动建立长期关系。

第二步：企业要在联网基础上加强与消费者、合作伙伴的互动，了解市场需求、把握供应链变化，更好地匹配供给与需求，让资源与能力相契合，实践个性化定制、柔性化生产和社会化物流。

第三步：企业要与其他企业加强数据交换和分工合作，形成价值网络，为消费者提供全方位的增值服务，不断引发新需求、创造新价值。

这种转型，其背后是数据采集、存储、处理、分析和交换的高水平运作。只有“云计算”服务与物联网、移动互联网和大数据等技术密切配合，才能实现这种高水平运作。“云计算”服务对传统产业的现代转型，其决定性地位可见一斑。

案例 3-2

蚂蚁小贷云应用实现秒级放贷

蚂蚁金融服务与传统银行定位有很大的差别，它的目标是实现普惠金融。面对数百万家淘宝卖家，他们的贷款金额多的不过百万元，少的只有几万元。如果这些卖家到传统银行进行贷款的话，不仅很难获得批复，而且审批周期也很长。

值得一提的是，蚂蚁小贷的前身阿里小贷在内部创业的时候，正是阿里云的第一个内部客户，而阿里云当时也正处在创业期，两者一起实践了“数据是生产资料、计算成为公共服务”的理念。基于云计算平台，蚂蚁小贷通过阿里巴巴 B2B 业务、淘宝和天猫三个平台上的数据沉淀，动态评估商家的信用，蚂蚁金融服务用一系列算法模型计算出是否该给某位客户贷款，这样就实现了向这三个平台上、无法通过传统金融渠道获得贷款的小微企业、个人创业者提供纯信用小额贷款服务。整个过程是动态调整的，数据、算法和对商业本质的理解，三者精密融合的智能体系，正解构着传统银行商业模式。

秒级放贷，蚂蚁小贷怎样做到的？

让我们先从一个案例谈起。先来看看小微企业的贷款业务，这一世界难题，是怎样通过数据智能与商业场景的结合来找到破解之道的。对贷款机构来说，有三个问题至关重要：贷不贷？贷多少？收多少利息？专业的说法是准入、授信和定价。

要做好这三个决定，前提是尽可能全面地了解贷款客户，但信息的收集和审核占用了巨大的成本，尤其是对于中小商家以及个人的财务状况和信用信息，碎片化、非结构化的特点，导致收集难度极高，判定更不容易。现实中，一些小贷机构的拒贷率高达70%——对于小贷机构而言，这意味着70%的运营成本没有产出。

所以，中小商家贷款难，本质原因是因为信息收集和处理的能力不足，成本和收益不成正比，所以信贷机构只好采取审慎原则，提高准入门槛，这也就是为什么大量资金被贷给了“可靠”的大企业的原因。

但蚂蚁小贷和传统银行不同：一方面，它已经服务了数百万淘宝卖家，他们的贷款多不过百万，少的只有几百元，他们不仅没有靠谱的抵押，有些甚至连基本的账目都没有；更匪夷所思的是，他们不需要见到信贷经理，事实上，蚂蚁小贷所有的信息采集和决策都是由计算机后台完成——商家在线上提交贷款申请，几秒钟内系统自动审批，审批后，几乎实时，贷款就可以汇入卖家账户。在这样的无人信贷模式下，坏账率却明显低于传统银行的平均水平。

揭秘：创业仅六年的蚂蚁小贷

归功于互联网，蚂蚁小贷能够分享潜在客户的诸多数据，比如这些淘宝卖家正在卖哪些商品、生意好不好，又比如卖家经营店铺勤快吗、之前有过不诚信的行为吗，甚至还比如这卖家的朋友们信用度高吗、他喜欢打网游吗等，这些数据的丰富度、准确度远高于传统银行能采集到的贷款者的信息。在“全面了解客户”这点上，蚂蚁小贷拥有了数据的优势。这是关键的第一步，但这远远不够。

如何运用好这些数据？“算法”至关重要。算法在计算机科学中通常指一组包含了有限、明确并有先后顺序的指令集合，它被广泛应用于计算、数据处理和自动推理。

例如蚂蚁小贷的算法工程师们就建立了一套算法模型来处理这些海量数据，给每位客户的“信用”打分，从而区分出欠贷不还的“坏人”和准时还贷的“好人”。基于算法模型的客户信用分值，成为蚂蚁小贷回答“贷不贷”这个问题的核心依据。更为重要的是，和传统数据分析不一样，基于在线数据和算法的模型是实时迭代的。

一方面是新数据的不断涌入，这个信用分并不会“一分定终身”，恰恰相反，客户的每一单交易、每一次旺旺上线、每一次还款，原则上每时每刻都可以改变这个分值。只是基于成本的考虑和现实的风控需求，蚂蚁小贷每天更新一次客户的信用分，然而这样的更新频率已经是传统银行所不可想象的了。

另一方面是算法模型的迭代。用一套天才的算法百分百准确地找出“好人”和“坏人”只能是幻想，或许一个被打了很低信用分的客户及时还款了，一个高分客户却反而卷款跑路了，检验算法优劣的核心标准就是一条，“客户后来还款了吗”，算法必须根据预测和实际结果的差别进行调整。

所以事实上，客户的借还款的数据，会实时反馈到蚂蚁小贷的数据池中，多个算法模型据此实时优化——哪些维度的指标应当被纳入到或清除出模型、客户的哪些行为特质应该被赋予更高的权重、在不同的情形下哪些算法模型有更高的准确度，在蚂蚁小贷，这些算法模型更新的频率以“周”计，而即便在传统金融数据化程度极高的美国，一次更新也往往需要6个月。

面对每一次客户的贷款申请，蚂蚁小贷都是这样来回答“贷不贷”这个问题的。同样的，回答“贷多少”“收多少利息”这两个问题也是类似的过程。例如授信额度的确定，这当然比“准入”这件事需要更多的数据，蚂蚁小贷的算法工程师们将测算出每家店铺的主打商品的生命周期（确定商品到底是正在攒口碑的新品，还是正在热销或是即将打折清仓的物品）、每家店铺的毛利率等数据指标，加入更多的卖家社会关系数据，这意味着对客户将有更深的理解，这也更符合商业本质的算法模型，对“贷多少钱”这一问题将会有更准确的回答。

在这个过程中，客户的数据越来越丰富，运用到的参数越来越多，算法模型也越来越准确，贷款风险控制的成本逐步降低，贷款者的体验也越来越好，覆盖的贷款用户也更广。整个业务进入高速发展的正循环。蚂蚁小贷通过基于“大数据”和“算法”的“机器学习”，让商业变得“智能”，提供了以前无法实现的小微贷款服务，实现了普惠金融的创新。（本部分内容参见曾鸣、郭力、尼古拉斯·罗森鲍姆，《智能商业：数据时代新范式》，哈佛商业评论，2016 年 2 月。）

3. 营造创新创业环境

正如集中供电改变了大企业在电力使用上的优势，促进了工业革命中中小企业的发展。在互联网时代，云计算服务的横空出世打破了大企业在计算能力上的垄断，从而成为这个时代中小企业创新、创业的温床。

云计算服务能够让中小企业解除在 IT 设备和软件上大量投资的制约，以低成本享用计算服务。因此，可以通过信息系统改善经营管理、加强与合作伙伴的关系、及时获取市场需求信息、通过电子商务渠道拓宽销售范围，同大企业开展更为公平的竞争。

中小企业可以更有效地迎接业务成长：互联网时代，好的创意、产品、服务，经过有效的传播，一是可能出现惊人的峰值需求，二是在获得消费者认可后可能呈现加速增长的态势。尤其是依托互联网开展服务的文化创意、电子商务等，其用户数量和业务量在短时期内变化迅猛、成长惊人。企业没有能力和时间，依靠传统的自行购买“计算机 + 软件”的方式迅速拓展 IT 资源，应对峰值和增长的需求。如果需求不能及时满足，难得的增长机遇就可能丧失，甚至导致用户体验变差招致全局失败。而云计算服务按需提供的能力，可以及时满足企业的这方面需要。在云计算的协助下，即使员工数量很少、资源储备并不丰富的企业也可能异军突起，成为巨富企业。

云计算公共服务还为科研机构和企业提供了和大企业同等的计算能力。在研究开发尤其依赖数据分析的情况下，强大的计算能力让创意和发现更有价值，更能发挥对生产的促进作用，这为中小企业的创新发展又提供了源源不断的新动力。

在总量上成为世界经济的领航者之后，经济活力的重要性与日俱增，全民创新正在成为国家创新体系的核心组成部分。2014 年 9 月夏季达沃斯峰会上，李克强总理指出："要破除一切束缚发展的体制机制障碍，让每个有创业意愿的人都有自主创业空间，让创新创造的血液在全社会自由流动，让自主发展精神蔚然成风。借改革创新的东风，在 960 万平方千米大地上掀起大众创业、草根创业新浪潮。"云计算服务将为这种努力做出基础性贡献。

案例 3-3

Face++人脸识别让人工智能走进我们的生活

当我们打开支付宝钱包时，会发现身份识别的方式已经不再是简单的账号密码体系，而开始采用人脸识别技术，这已经成为支付宝钱包的身份识别方式之一，这也就意味着结合计算机视觉和人工智能技术的人脸识别的商用化更进一步，人工智能已经在我们身边。

旷视科技（Face++）就是推动人工智能技术商业化的先行者之一。2011 年 10 月，三个"85 后"清华学子在北京中关村创办了旷视科技，专攻人脸识别、图像识别及深度学习技术，这是一家在人工智能领域纯自主研发的知识密集型企业。成立 4 年时间已经拥有国家、国际级发明专利接近 200 项，并凭借其在人脸识别、文字识别等领域的突出成绩，目前企业估值已经超过两亿美金，现有团队成员已超过二百人，研发团队人数占比超70%，摘得三项国际测评桂冠，团队中获得国家、国际级信息学金奖的人员超过70人，这为公司发展奠定了坚实的技术基石。

Face++是旷视科技旗下的第一个产品，现已成长为世界最大的人脸识别技术平台，并成为旷视科技在业内广为人知的代称。Face++为开发者提供人脸检测、分析和服务的调用接口，截至目前其API的全球调用量已经累计超过62亿次，当大量开发者调用识别服务时对于平台整体的处理能力有很高的要求，这也就是Face++与阿里云合作的初衷。因为当进行人脸识别的时候，需要处理大量来自面部的各种特征信息，包括对面部结构、五官、肌肉以及动作等方面的数据进行分析。如果平台的服务器不够稳定、性能不够强大就会严重影响到识别效果与用户体验。

目前旷视科技（Face++）的人脸识别技术在金融、安防、教育、交通等多个重要领域都得到了实际运用，已为中信银行、平安银行、小米金融、万科集团、上海虹桥机场、市级公安局等多家大型企业和企事业单位提供基于人脸识别的金融远程实名验证、线下实名验证设备、智慧社区、通道式实时布控等服务及试点服务。

旷视科技（Face++）的愿景是让机器看懂世界，进而学会思考，实现真正的智能化。如今再把人脸识别的技术输出到更多的传统行业中，通过互联网数据和行业数据精炼机器学习的模式，将人脸识别的技术应用到更多场景之中。如旷视科技推出的互联网身份验证服务Face ID，基于全球最大的人脸脱敏数据训练库，超过1.2亿张图片，不断增加数据来源，增强对人物的刻画，实现大数据驱动人脸技术革命，并将其应用到金融行业核身业务中，帮助柜台人员辅助身份认证。

案例3-4

《小门神》是如何炼成的

在2016年年初公映的国产动画电影《小门神》，因其精良的动画制作获得了良好的口碑。大家可能并没有意识到，这部优秀国产动画电影背后的技术力量实际上是渲染云这个平台。

《小门神》整个电影的制作历时29个月，一共有1940个镜头。每个动画师一天只能制作一秒动画，可以说是用“人间”28800秒换来“神界”的1秒，精细到眉毛的细微肌肉变化。馄饨店的一个镜头，不到4秒却用了337天来打磨，这样才能确保画面足够精细。

据了解，《小门神》的总渲染核小时数超过《功夫熊猫2》《超能陆战队》等好莱坞影片，达到了8 000万核小时。意思是，如果使用单核CPU，完成渲染的总时长将达到8 000万小时。也就是说，如果一台单核CPU要渲染9 000多年！

在这些惊人数字的背后，是阿里云支撑着整部动画的渲染时长。

有“中国皮克斯”之称的追光动画强调技术与艺术的融合。追光动画产品及技术负责人袁野表示：“每个镜头平均看过三五百遍，做动画片很单调、很辛苦，是工匠手艺活。使用互联网技术，提高了我们的效率。阿里云提供的云计算服务很好地解决了渲染所需的弹性计算资源，是目前经济有效的方式。”

另外，除了使用本地大规模集群外，追光动画在渲染高峰时期还使用了阿里云批量计算服务BatchCompute，将部分镜头的渲染压力分布到阿里云几千台服务器上，昼夜运转。在影片成片制作最后4个半月的渲染高峰时段，最多曾同时使用了阿里云2 000多台服务器。大量的阿里云服务器同时运转，除了大大节省了后期制作时间外，还使得影片的每一帧都美轮美奂。以片中的“人间小镇”为例，片中每片树叶、每片雪花、每块青苔，都闪烁着过往动画所未曾展现的生命力与细节之美。同时，也保障了电影如期登陆2016年元旦黄金档期。

阿里云的产品经理从兰兰认为，电影大片采用公共云计算进行渲染已成为一种趋势和质量保障，比如《星际迷航》《环形使者》都采用了云计算服务。据了解，目前好莱坞票房前十名的电影，用到特效渲染的影片比例通常能占到80%；而在中国票房前十名中，这个占比一般只有20%。

这样的差距意味着更多的机会，事实上，从2011年阿里云作为中国第一个公共云正式对外开放时，切入的第一个行业就是渲染。使用云计算来完成影视特效制作中的渲染，已经成为影视行业里的趋势。这项技术在国外这几年已经孕育了一些比较专业的公司，例如ZYNC、RENDICIY，在国内阿里云是第一家也是唯一一家最大的为动画制作公司提供渲染解决方案的云计算厂商，它能够支持Maya，Blender和3DMax。随着动画、3D等特效越来越普及，云计算也会用得越来越多。

《小门神》（见图 3－4）的成功上演，表明了我国在渲染云领域的技术实力已经走向成熟，也意味着中国版动画产业崛起有了坚实的技术基石，能够快速推动国产动画的迅速崛起。（本文主要内容来自今日头条）

图 3－4 《小门神》动画制作借助阿里云的渲染云平台

案例 3－5

芒果 TV 40 天搭建跨年晚会互动系统

2016 年湖南卫视的跨年晚会直播中，芒果 TV 与阿里云深度合作，把晚会最核心的直播和点播业务放到了云端，采用阿里云的 CDN、互联网中间件、OLS 直播系统等几乎全系阿里云产品，构建了混合视频云，结果，芒果 TV 客户端在当天的直播中表现出色，无卡顿、无延时，大受好评。

芒果TV客户端是湖南卫视互联网探索的核心产品，如此复杂的跨年晚会互动系统，搭建起来只用了40天时间。登陆芒果TV客户端，观众不但能够收看高清的现场直播，还可以打开视频弹幕进行在线互动，同时可以调取现场多个摄影机的机位观看偶像，与超级天团、当红明星、实力唱将、人气演员亲密互动。

在此次长达6个小时的跨年晚会直播中，能够不卡顿且清晰顺畅地将画面通过网络传送到世界各地，这就要求视频的上传、处理、播放、分发都要在极短的时间内完成，其中伴随的风险还有在线流量的突发性等，其难度不可小觑。此外，由于芒果TV客户端创新了播放模式，实现了与粉丝的频繁互动，所以整体访问量特别大，系统非常繁忙。

最初芒果TV试图使用传统的方式进行处理，但做了一段时间以后，发现进度有问题，最后直接将系统切换到阿里云的企业级互联网架构平台上。因为企业级互联网架构平台可以提供任何一次调用以及系统过程的数据化分析，此外还可以实现实时、自动化的控制，能够很快突破性能瓶颈，扩展其功能。

对于芒果TV来说，这次年终晚会只是一次预演，对阿里云真正提出挑战的是“超女”节目的播出，当节目开始后不久，系统能力出现了不足，这时他们直接将机器加上去进行扩展，瞬时解决了所有问题，而这一切都发生得非常平静，没有让观众感受到系统切换的任何卡顿，充分体现了阿里云的第二个特点，就是能力能够线性扩展。

3.3 立基信息经济的能力

1. 构建新信息基础设施

经济活动的正常运作有赖于基础设施发挥其支撑功能。当前，随着经济形态从工业经济向信息经济加速转变，基础设施的巨变也日益彰显。总体来看，新的基础设施正叠加于原有农业基础设施（土地、水利设施等）、工业基础设施（交通、能源等）之上，发挥的作用也越来越重要。

新基础设施可以概括为“云、网、端”三部分。“云”是指云计算、大数据基础设施，生产率的进一步提升、商业模式的创新都有赖于对数据的利用能力。“网”是指连接利益相关者的增值网络，包括互联网、物联网等在内，网络传输能力不断得到提高、新增价值持续得到挖掘。“端”则是指用户直接接触的个人电脑、移动设备、可穿戴设备和传感器等，乃至软件形式存在的应用，是数据的主要生产者，也是服务提供的最终界面。

中国已全面进入信息经济发展的新阶段（信息经济体包括四部分，即经过改造的原有基础设施、新的信息基础设施、互联网经济体和全面利用信息技术、思想及组织原则转型升级后的传统产业。随着原有基础设施不断用信息技术加以改造，传统产业逐渐转型升级，信息经济体的体量也会不断扩大，体现出信息技术的全局渗透性）。云计算作为新信息基础设施（云 + 网 + 端）的核心，毫无疑问，担负着新引擎的重任。信息经济的构成如图 3 - 5 所示。

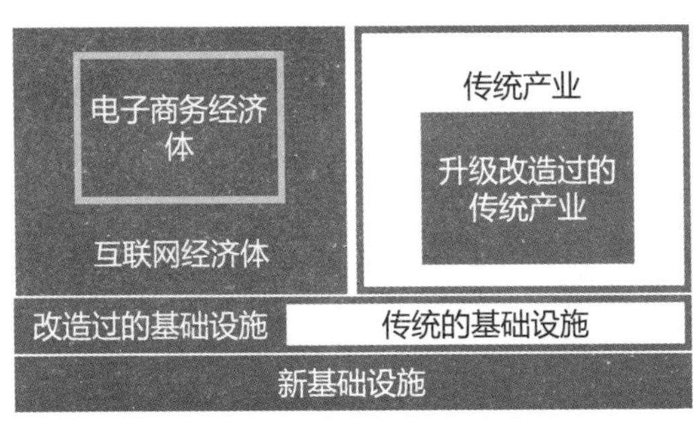

图 3 - 5　信息经济的构成示意图

2. 形成社会神经中枢

云计算服务的重要性不仅体现在提供计算能力的革命性影响上，更体现在作为一种通用技术对带动其他技术和产业发展的基础性作用和辐射能力上。云计算服务将像电力一样，为其他技术和产业的发展带来新契机。

物联网着眼于对物体和环境信息的采集、处理和利用，其在智慧城市、智能物流和智能家居等方向的应用上充满了丰富的场景，对传感设备、控制设备等有很大需求，因此备受瞩目。但目前来讲，发展速度低于预期，瓶颈之一即体现在数据的存储和处理跟不上。

随着手机、平板电脑、可穿戴设备等移动设备的普及率逐渐提高，移动应用种类日益丰富、数量指数级增长，移动互联网服务成为互联网产业新的增长点。正像我们提到的一样，移动应用的成败越来越取决于后台数据的采集、存储、处理和分析。

云计算服务平台将在数据的存储、处理和分析上发挥越来越重要的作用，从而成为社会的神经中枢，与物联网、移动互联网一起联手打造系统级智能。物联网、移动互联网技术及产业的发展，因为有云计算服务作为支撑，从而在新的技术层次上解决了困扰已久的持续增长问题而焕发新的活力。云计算服务的基础性作用和辐射能力将日益显著，成为其他技术和产业的赋能者。

案例 3-6

云上安心联盟：将人体数据化，你有几兆

对于心脏病患者来说，通过一个便携式的心电设备和一个手机 App 就能把一名专业的心脏医生请回家，而且是 7×24 小时贴身服务。

2015 年 9 月 17 日，阿里云同深圳中瑞奇、杭州金卫健康宣布，三方将合作组建“云上安心”联盟。通过联合社区医院、三级综合医院、医疗硬件厂商、医疗健康 App、健康体检中心和医疗健康分析模型提供商，在患者知情并授权的前提下，将散落各处的健康医疗数据进行汇聚打通，以期实现基于数据的精准医疗。

以心脏病治疗为例，通过将“云上安心”联盟中的心电设备产品“好朋友”接入人体，并连接“好朋友心电图”App 后，用户便可查看自身心电数据。同时，数据与

医院同步，如果出现异常，医生或急救中心可提前介入。中瑞奇创始人汪远思表示，“该产品直接面向个人用户开发，并提供专业医护服务”。也就是说，每个用户都相当于拥有一位私人医生。

在 2015 年 7 月初的试点中，阿里云和中瑞奇向杭州米市巷社区 2 万老人中的心脑血管疾病患者发放了相关设备，金卫健康提供面向居民、社区医院的心电数据采集及心脏健康管理服务，帮助社区居民能够及早发现心脏方面潜在风险，将高危人群纳入监护体系。

“云上安心”联盟的生态参与方所有数据都将存放于阿里云上，借助阿里云强大的计算能力和开放的心电算法，实现对亿万级数据的并行处理。诸如心电图的记录过程、心电噪声的过滤，特征值抓取（如 p 波、r 波和 st 段）等。通过阿里云大数据处理平台 MaxCompute、分析型数据库 ADS 还可以进行离线数据和实时数据处理，快速接入更多标准的应用及第三方医疗数据。

阿里云高级产品专家武凯表示，联盟将以心电数据为中心，打通医院生化指标、诊断数据和医院外心电、血糖数据，以及其他体征、运动等各种碎片数据，以期更加全面立体地描述一个患者的健康情况，从而达到精准医疗的目的。

据介绍，心电数据收集类似声音数据采集，对传感器数据的采集频率高，且心电数据量非常大，一个人24小时的心电数据大概在150M左右，一个人一生心脏跳动25亿~30亿次，会产生人均4 394G的心电数据量。在当前的医疗工程界，无论是院内的静态心电数据还是动态心电数据，用于疾病检测完之后，都会因数据量巨大而被闲置或清除。

武凯表示，这些数据如果被利用起来，将对中国整个心脏疾病的检测产生不可估量的价值。“挑战在于，海量的心电数据不仅需要无限扩容的储存空间，更需要强大的数据处理分析能力，这两者都是阿里云的优势。”

据悉，心电数据库在美国和欧洲已经成为普遍的医学指标。但在中国，目前并无完整心电数据库，并且心电算法处理模式还仅仅是基于小样本特征识别的心电信号分类。“希望在未来建立基于大数据能力的统计分析心电信号的分类方法，以及面对医疗行业的大数据样本，逐步实现人体数据化。”武凯表示。云上安心联盟如图3－6所示。

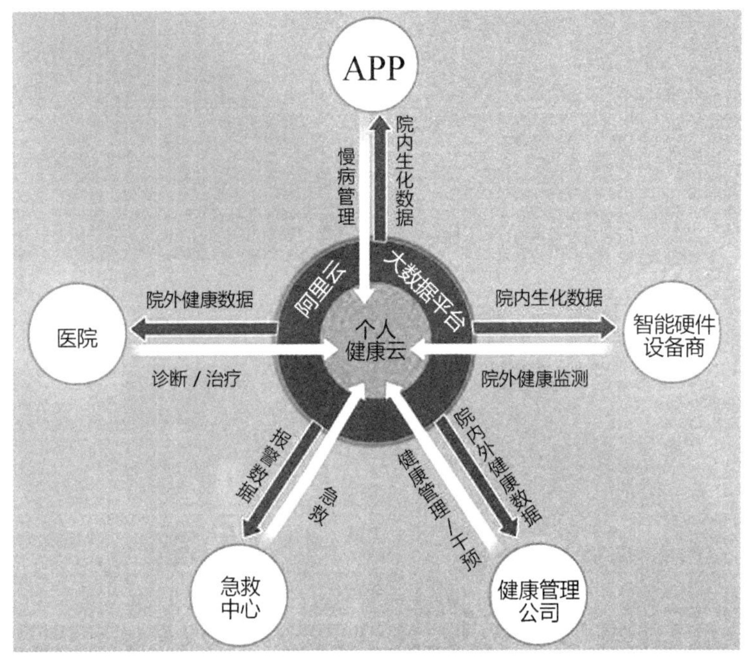

图 3-6　云上安心联盟示意图

3.4　增强国家实力的关键

1. 提升治理能力

随着经济活跃度的加大，社会管理难题不断涌现——就业问题、新型城镇化问题、城市竞争力问题、医疗问题、教育问题、交通问题、人口管理问题、行政审批问题和维稳问题等。这对政府部门政务处理的效率，发动全民力量开展公共治理的能力，提出了新的要求。如何在预算约束下高效完成经济和社会管理任务，是政府部门必须直面的挑战。

电子政务是必由之路，而云计算服务的出现为解决政务难题再添有力工具。

（1）技术能力提升。政府部门开展电子政务的常规做法，包括建设自有数据中心、开发多种信息系统等，费用过高、功能不足、人才缺乏是普遍现象。而通过向第三方采购云计算服务，则是很好的应对之道。采购及维护费用、人员编制的减少、专业水平的提升，立竿见影。此外，还有助于破除部门利益形成的壁垒，即从根本上避免因条块分割造成的数据封闭、系统不同的弊病，在全社会树立数据流动和开放的示范，形成深远的社会价值。

（2）整合能力提升。政府部门的优势在于对政策的深入理解、对服务需求的把握和对政务创新的引领，而云服务提供商擅长整合计算和数据资源、维持运行稳定及防范使用风险，系统集成商则熟悉业务流程、掌握合作资源，独立软件开发商、数据分析商又在特定功能的实现上更专业、响应速度更快。

政府利用云计算服务平台，结合移动互联网等应用，可以形成众包方式，调集全民力量开展大规模数据采集以及数据价值的开发，形成合作治理的新态势。

（3）政务水平提升。政府利用云计算服务平台开展大数据分析，可以在提升科学决策水平、提高公共服务质量和加强社会管理能力方面大有作为，从而全面提升政府治理能力。具体来讲，通过对决策研究、制定和实施做到全流程监控，更具时效性和针对性。可以扩展信息来源、扩大决策范围、树立考核标准、缩短反应时间和推动部门协同达到新的水平。打通数据流通过程，让服务阳光化，可以显著提升就业、教育、医疗和交通等公共服务的供给效率和均等化水平，减少浪费、普惠民众。数据驱动社会管理，带来响应速度的飞跃和处理能力的升级，让公共安全、污染防治、食药监控等领域无死角覆盖，切实保证社会和谐和公众安全。

案例 3－7

浙江政务网借助云实现“数据跑腿”代替“人跑腿”

浙江政务服务网自 2013 年 11 月开始启动建设，2014 年 6 月 25 日正式上线运行。目前，已经初步形成集行政管理、便民服务、政务公开、数据开放等功能于一体，省、市、县统一架构的多级联动的电子政务平台。截至2016年1月，网站注册用户高达180万，日均访问量150余万次，是服务型政府、法治政府建设的创新探索。

浙江政务服务网构架于统一的政务云平台上，按照统一导航、统一认证、统一申报、统一查询、统一互动、统一支付、统一评价的要求，推进全省网上政务服务一站式汇聚。在全省101个市县政府和31个开发区设服务平台，在43个省级部门设服务窗口，并设置“2+4”的功能版块。“2”即个人办事、法人办事两个主体版块，按主题和部门分类，对全省政务服务资源进行了全口径汇聚；“4”即行政审批、便民服务、阳光政务、数据开放四个专项版块。

“阳光政务”版块，体现了网上晒权的功能。通过浙江政务服务网，浙江省在全国率先晒出了行政权力清单和部门责任清单，并同步公布企业投资负面清单、财政专项资金管理清单。依托全省统一的电子监察系统，在互联网上公告全省政府部门的每一笔审批业务，办理流程、时效、结果一目了然，实现全程透明运行，让网民监督行政权力运行。同时各级政府围绕“三公”经费、考试招生、征地拆迁、工程建设等群众关心、社会关注的领域，推出多个重点事项予以公示。

“行政审批”版块，体现了网上行权的功能。省市县三级政府的所有行政审批事项都已经纳入到了政务服务网，面向互联网用户提供办理指南、表格下载、评价查询等服务，并按照统一申报、统一认证、统一查询的要求实现全部或部分环节网上办理。围绕网上办事业务，开辟全省统一的网上咨询、投诉等渠道，全省 3 300 多个政府部门，10 000 余名政府工作人员负责定时登陆政务服务网后台，在规定时限内答复公众办事相关的疑问；49 个省级单位还开设了 149 个在线值班岗位，在岗期间以即时通讯的方式为办事对象提供实时答疑的辅助服务。

图 3－7　浙江政务网借助云的力量实现数据跑腿

“便民服务”版块，体现网上惠民的功能。紧扣群众需求最迫切、办事频率最高的婚育收养、教育培训、求职执业、纳税缴费、就医保健、社会保险、福利救助、房屋租售、交通旅游、证件办理、场馆设施、公共安全、司法公证、环境气象、三农服务等15类专题，汇聚省市县三级政府及社会机构的400余项服务资源，以统一的导航形态提供给全省服务对象。此外集成6.9万个办事机构和公共场馆信息的空间地理位置信息，形成便民服务一张图，为公众提供实用的网上引导。

“数据开放”版块，促进政务数据社会化开发利用。2015年9月23日，浙江政务服务网推出“数据开放”版块，成为国家《促进大数据发展行动纲要》发布后，全国各省份中第一个推出的政府数据统一开放平台。共开放68个省级单位提供的350项数据类目，其中包括100项可下载的数据资源，137个数据接口和8个移动App应用。同时，依托法人、空间地理基础数据库和信用浙江、电子证照库等成果，推出电子证照、信用信息、档案数据等8个专题数据应用版块。

2. 创造就业机会

云计算带来的变革不仅仅是在IT层面，也为整个社会创造了众多的新就业机会。

从国家政策角度来看，2015年1月底，国务院印发了《关于促进云计算创新发展培育信息产业新业态的意见》，以促进云计算创新发展，积极培育信息产业新业态。该意见强调，加大对云计算骨干企业的培育扶持力度，要求到2020年形成若干具有较强国际竞争力的云计算骨干企业。该政策势必会加速云计算产业相关的创业创新势头，从就业方面也会创造更多的机会。

据我们初步测算，云计算在2015年为中国产生近500万个工作岗位，阿里云所带来的新工作岗位就超过100万。IDC首席研究官兼高级副总裁John F. Gantz表示："对于大多数机构来说，毫无疑问，云计算会大幅提升投资回报和灵活性，减少投资成本，并成倍地带来收入增长。我们通常误认为云计算会减少工作岗位，但事实恰恰相反，它能够创造大量的工作岗位。在世界各地，各种规模的企业都会因云计算增加就业机会，而新兴市场、小城市和小企业也将像发达国家和大企业一样从云计算中获益匪浅。"

不同国家新增就业岗位的速度有差别，过半数的岗位增长将来自中小型企业。银行业、通信业和离散型制造业都可能出现上百万的新增岗位。所预测的新增岗位同样也会随地域不同而有差别，新增岗位将大部分来自新兴市场，特别是中国和印度。

市场对云计算相关人才的需求已经超出了 IT 业，众多传统 IT 人才也面临向云服务开发，支持、管理，运维以及人员甚至产品经理的转型，很多时候企业的一些业务部门需要云计算服务知识以更好地支持业务创新，而不只是 IT 部门的支持。

3. 促进生态和谐

我国经济要持续健康发展，高投入、高能耗的惯性必须纠正。在信息经济中，信息技术对经济各领域的全面渗透呈现出高知识密集度、高技术、高效益、低排放和低能耗的特性。因此，促进信息经济的快速成长是改变这种局面的正确举措。

云计算服务平台作为释放强大计算能力的核心，在信息经济中具有举足轻重的地位。除了推动各行业提高生产效率、降低排放和能耗外，云计算服务平台也为减少排放、降低能耗提供了新的实验领域。数据中心技术升级，能耗标准不断下降；云计算产业的区域分工，将开发管控与实体数据中心相对分离，地质优势突出、能源丰裕的地区承接了实体数据中心部分，既避免了东部地区能源紧张的状况，也充分利用了中西部地区难以外送的富余能源、清洁能源，在减少排放、降低能耗上做出了新的探索。

第四部分

看实践：加速『互联网+』战略落地

4.1 云计算应用的总体态势

根据 IDC 预测：到 2015 年，82% 的新应用都将运行在云计算平台上；而到 2020 年，云计算业务将占到所有 IT 系统的 27%。从云计算应用发展状况来看，中国比美国晚 3~5 年的时间。2006 年，谷歌推出云计算的概念之前就已经有了广泛的部署，目前的业务已经非常广泛，商用化程度很高，技术也已经趋于成熟。国内云计算的业务基本上是从 2009 年开始的。就在那一年，阿里云和新浪刚刚开始推出云计算业务平台。

2013 年，可以说是中国云计算服务真正落地的一年，从 BAT 的云服务开始大范围商用到国外的微软 Azure、AWS 宣布在中国落地，这都昭示着云计算服务开始进入到国内各行业的应用之中。2013 年年初，麦肯锡针对中国地区 300 个 CIO 进行的调研显示，有 65% 的中国 CIO 已经采用或者正在考虑应用云计算技术，这一数据大于美国 60% 的比率，反映了中国 CIO 对新兴技术趋势更高的接受程度。

从用户群来划分，云计算服务分为面向企业级用户和面向消费者用户。云存储成为面向消费者的云服务的最主要和基本模式，基于此，云音乐、云视频和云桌面等各种服务应运而生，但真正实现成熟的商业模式还是要依赖于面向企业级用户的服务。

与国外广泛、深入、成熟的企业级云计算应用相比，国内的云计算应用尚处于初步向实质应用迈进阶段，IaaS 服务依然是市场焦点，PaaS 平台服务尚不成熟，企业级 SaaS 服务市场还是集中在非关键性应用（比如协作性应用，CRM、HR 类应用）方面，大规模的商用云计算时机尚未成熟。

从用户需求角度来看，由于不同行业用户对云计算服务的接受程度处在不同阶段，信息化能力相对较弱的传统企业和没有能力大规模投入基础设施建设的初创企业，他们对低成本、高效益的云计算模式是需求最旺盛的。比如电子商务平台的商家、游戏以及移动互联网行业的初创企业，在云服务应用方面走得比其他行业更靠前一些。而自身信息化水平相对较高的行业（比如金融行业用户），由于其关键业务系统一直运行在传统 IOE 平台上，因此在对云服务的接受方面相对比较保守。

中国不同行业的云服务应用发展对照表如图 4－1 所示。

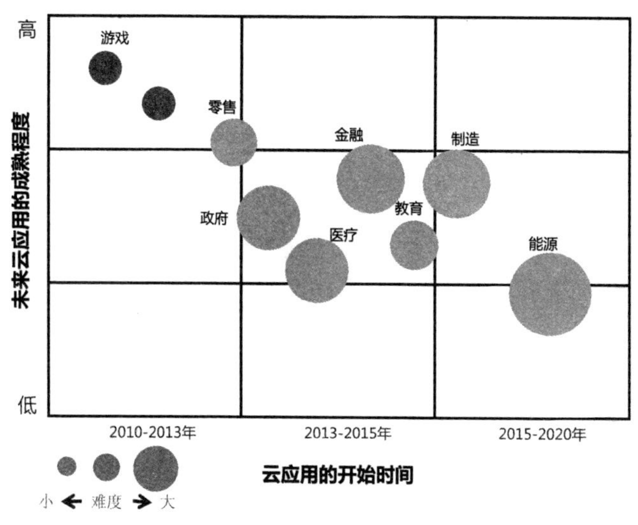

图 4－1 不同行业云应用进程及难度

不同行业用户对云的差异化需求特点如表 4－1 所示。

表 4-1 不同行业的云需求特点

行 业	云需求特点
政 府	安全性要求高；信息资源共享；降低投资成本；提高公众服务质量；提升决策效率和科学决策能力
金 融	高安全可靠；快速响应；新应用部署迅速
制造业	降低 IT 成本；实现线下和线上系统的整合
电 商	可灵活扩展；7×24 小时支持；稳定和高可用性；内部业务系统与在线订单系统的无缝对接
SaaS 化	快速开发和部署；稳定性和高可用性；一站式服务
移动互联网游戏	快速开发和部署；低成本；弹性可扩展；稳定性和高可用性

4.2 政府云应用：推动互联网+政务进程

各国政府部门从 2010 年起都在不遗余力地推动政府行业用户对公共云服务的采购力度。以美国为例，由于云计算从技术上起源于美国，因此在美国以及其他发达国家的云计算应用起步更早，也相对成熟。美国已经推出了相应政策鼓励政府部门采用云计算服务，从美国政府管理预算局（OMB）的“云优先”战略到总务管理局（GSA）的联邦风险与授权管理计划（FedRAMP），美国政府都是按照商业最佳实践来利用云计算。美国《联邦云计算战略》白皮书规定，在所有联邦政府采购项目中云计算优先，其中联邦政府年度800亿美元的IT项目预算中有25%可采用云计算。到2013年，已经有300多家政府机构和1 500多家教育机构使用了公共云服务，美国联邦政府云计算采购额2013年已经达到9.68亿美元。各国政府云计算应用情况如图4-2所示。

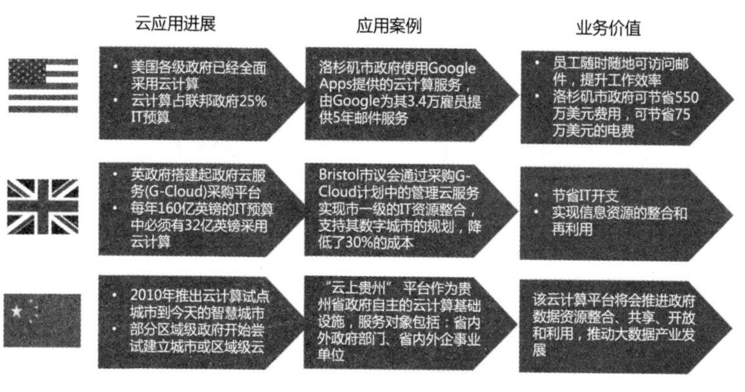

图4-2　各国政府云计算应用的情况

1. 美国政府云应用实践：从协作应用和网站应用先行

案例4-1

美国复苏和再投资委员会云应用

美国复苏和再投资委员会使用Amazon的弹性云计算IaaS（Infrastructure as a Service）服务建立recovery，gov网

站，2010 年节省了 33.4 万美元，2011 年节省了 42 万美元 IT 系统费用，后期将节省更多。

案例 4-2

美国洛杉矶市政府云应用

洛杉矶市政府由于之前使用的传统邮件系统提供的邮箱容量小，不支持移动设备且系统维护成本高等原因，对旧邮件系统产生不满，将其系统切换到 Google Apps 提供的云计算服务，与 Google 签订价值 700 多万美元的合同，由 Google 为其 3.4 万雇员提供 5 年邮件服务。此项基于云计算技术的服务能够为洛杉矶市政府提供针对即时邮件和视频会议的强化协同功能，使得其雇员不必在同一地点就能够开展高效工作；文档共享功能使文档在联合编写和编辑方面效率更高，任何计算机或移动设备均可轻松访问邮件系统，提升可用性，大幅扩充存储空间，雇员邮箱容量是旧系统提供容量的 25 倍，节省 IT 资源，用原来运行邮件系统的资源服务于其他更重要的城市建设项目。使用新的邮件系统服务，预计洛杉矶市政府可节省 550 万美元费用，根据投资回报率计算，可节省 2 000 万美元的投资。据估计，65% ~80% 的雇员通过使用 Google Apps 服务能够满足全部办公软件服务的需求。节省的近 100 台服务器 5 年时间可节省 75 万美元的电费。

2. 国内政府云：应用模式多样

为了推动我国政府服务创新，促进政府资源共享，降低信息化建设投资成本，我国政府部门不仅出台了针对云计算产业的相关政策和指导意见，作为用户端，我国政府行业用户从垂直行业到城市区域类政府部门开始逐渐使用云计算服务。从 2013 年起，我国共有超过 190 个城市提出了自己的智慧城市规划，智慧城市的核心就是基于云计算和大数据提升城市信息服务的水平。

总体来看，政府云应用根据其业务性质的差异可以采用四种不同的云模式。比如，针对数据和网络安全性要求高的业务部门或者政府内部应用，主要偏重于使用专共云的模式；针对面向公众提供服务类别的应用，同时政府部门的 IT 力量相对薄弱，希望利用云服务商的技术和运维能力的政府部门，可以采用公共云模式；安全性要求高，但自身技术能力和信息化水平有限的政府部门，可以利用云服务商采用专线进行远程云平台部署和运营维护，采用专有域的建造模式；对安全性有一定要求，但同时又想利用云服务商的能力，这样的政府部门可以采用VPC（虚拟专有云）的模式（见图4-3）。无论何种模式，借助云计算模式不仅能够降低政府部门的IT投入，更关键的是能够实现政府不同部门之间信息资源的共享，真正提升为民服务的效率和水平，提高依赖大数据进行科学决策的能力。

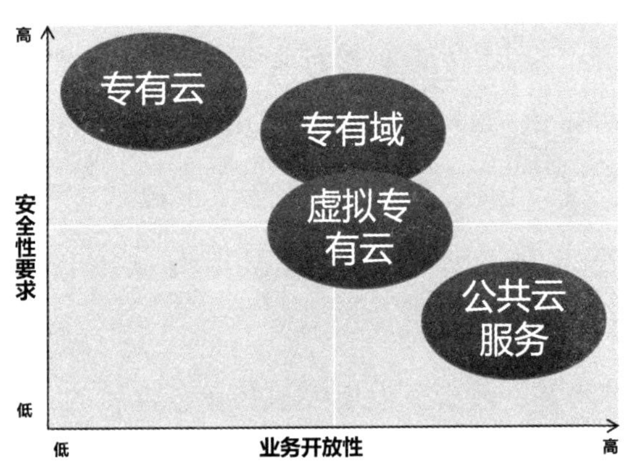

图4-3　政府云应用的主要模式

以阿里巴巴为例，已经相继与海南、浙江、贵州、广西和宁夏等省份达成了云计算方面的合作。率先应用阿里云计算的政府部门，垂直行业的用户有中国药品电子监管网、浙江省交通厅和宝船网等。

案例4－3

互联网+医药：实现全流程药品监管，确保药品安全

中国药品电子监管网隶属于中国食品药品监管局，主要目的是实现通过唯一的药品监管码对药品实现全流程监管和全程追溯，实现药品的安全管理。该网站从2006年开始起步，最早是以特殊药品监管为主，网站上只有少数药品生产企业以及批发企业信息，经过2007年和2009年两次扩充，监管药品的种类扩展到普通药品，这时每天要核注核销的药品数量达到千万以上。

当时，中国药监网的后台系统用的是小型机和Oracle数据库的搭配，在药监网扩充到普通药品之后业务量的迅速扩大使得后台系统处理能力显示出明显不足，药监局发现网站访问速度变得很慢，无法支撑快速增长的业务量。

2013年4月29日，中国药品电子监管网将后台系统切换到阿里云，切换后运行稳定，其关键业务单据处理的平均延时从60分钟降低到2.7秒，速度提升了1333倍。这次切换不仅解决了由于后台系统能力不足制约其业务发展的瓶颈，可以放开手来扩大业务量，同时也节省了花在软件许可证和硬件设备上的大量投资。

虽然效率和性能的问题是驱动中国药监网从自建IT系

统迁移到云平台上的初衷，但实际上通过这次迁移还实现了大量节省IT投资的目的。作为我国唯一药品追溯监管平台，该平台发展到今天在药品安全领域已覆盖疫苗、基本药物等大多数高风险和常用药品，每天新增上亿条药品记录，云平台保障了业务系统的顺畅进行。

中国药监网虽然最初是为了监管的需求而诞生的，但未来所要产生的社会经济价值并不局限在监管层面，还将对整个药品流通环节带来不一样的变革，基于药监网的电子监管码数据可以实现政府、企业和个人消费者服务以及跨部门四个层次的社会经济价值。

1. 提升政府部门监管能力和科学决策水平

我国的药品管理在没有药品监管码之前在流通环节很混乱，经常是出了医疗事故之后才能通过新闻召回有问题的药品。中国药监网的发展通过一品一码的方式，通过数据为监管部门提供了有利的监管工具。药监局利用这些流通信息可以追踪到中国市场上每批次药品由谁生产最后卖给了谁，可以追溯零售环节任何一盒药品的来源。政府端如果发现医疗事故的话，可以迅速通过批次了解该批次的流通状况，产量状况，药品库存等状况，从而迅速找回问题药品，避免大规模的医疗事故。

中国药监网的数据对于监管部门的另一方面的价值体现在为政府做科学的战略决策提供数据支撑，比如基于药监码可以为药监局做战略统计分析，通过了解市面上各种药品的库存，发现哪些是紧缺的药品，倒推给药品生产企业，从而保障患者的用药。

2013年12月，广东发生乙肝疫苗幼童不良反应事件。为迅速了解疑似问题疫苗的详细情况，国家卫生部通过药品监管平台调查相关数据。传统的数据平台，此类溯源核实至少需要数周时间，而基于云计算的大数据处理，仅用了3个小时就查清了同批次未使用疫苗的流通路径和具体位置。10个小时后报告已放在总理的办公桌上。药监局和卫生部领导对此感到非常振奋，表示如果不上阿里云，传统的方法最少需要三个月才能完成。

2．以标准数据提升流通环节的企业运营效率

未来药品监管码会成为药品流通行业的一个标准，流通链条上的企业管理业务基于这个标准可以提高运营效率。从药品生产，批发，物流到医院或药店这一系列的环节中，通过监管码为企业提供统一的编码标准，实现高效的物流管理和配送体系，可以使生产企业看到药品流向，对于药品打假起到有效的作用。

3. 保证消费者用药安全

从消费者端，可以通过查询药品的信息，了解该药品的生产时间和生产地点以及被查询的次数，确定是否是假药，保障消费者的用药安全。在医药电商快速发展的今天，药监码可以保证药品的真实性，提升了药品造假的成本，避免假药的猖獗。

4. 实施医保药品电子监管可以提供医保资金和药品的监管效能

目前在有的区域已经开始试点通过药品电子监管探索开发医保控费方案，对药品从生产、批发、配送到使用等全链条的全程跟踪，药监部门能够实时监控每一批、每一箱、每一盒药品的生产、经营、库存及流向。医保部门能够监控每一笔医保资金的具体使用药品，提升了精细化管理水平。

10亿

每天监管码被读写的次数近10亿次

1333倍

关键业务处理的平均延时从60分钟降低到2.7秒，效率提升了1 333倍

1500亿

目前药品监管码个数超过800亿；并以1.6亿/天的数量新增；2014年监管码达到1 500亿条

图 4-4　药品监管网用云的效果

案例 4-4

宝船网借助云加速互联网+航运进程

中国交通通信信息中心与阿里云达成互联网+航运领域的合作。借助宝船网平台，公众可查询任一船舶的实时位置和历史轨迹。宝船网同时宣布加入阿里云“云合计划”，向全社会开放数据接口。

宝船网是中国交通通信信息中心自主研发的公共信息服务平台，该平台与阿里云展开深入合作，通过船上装的AIS系统和国际海事局数据，可以获取全球船舶的实时和历史位置数据。公众可通过搜索呼号、船名等，精准定位全球船只。集合港口/码头、货主、船主的数据共享，灵活调配吞吐能力，实现船只管理；通过轨迹分析，帮助海关缉私等。

目前，船宝网数据已涵盖全球电子海图、全球岸基和卫星AIS船舶动态及全球气象等多种类型。为了更好地发挥数据价值，推动互联网+航运的发展，宝船网同时宣布加入阿里云“云合计划”，向全社会开放数据接口。

“通过和阿里云合作，使我们能够在更高的维度去解决海量数据共享和分析的难题。”宝船网总架构师郑军介绍说，很常见的一个问题是每逢遇到台风，网络访问量都会出现暴涨，云计算的弹性扩展使得我们可以从容应对。

此外，借助大数据分析，我们将能够看到更多数据背后的东西，比如航运背后反映的经济走势。

事实上，此前已有许多政府机关、海事企业等开使借助船宝网开展业务。政府多将其用来进行海上综合管理和应急处置等，企业则将其广泛应用在船舶日常生产调度和安全管理等。宝船网基于云打造大航运生态如图 4－5 所示。

图 4－5　宝船网基于云打造大航运生态

案例 4－5

浙江用云计算和大数据治疗高速拥堵顽疾

“十一”假期第一天，你以为半夜 3 点起床、4 点开车出门就不会被堵在路上了吗？错了，那天太阳落山前，杭州绕城高速最不堵的时段其实是下午2点左右。

凭借常识推论，我们大概觉得能半夜起床的人不多。不巧的是，大家都这么认为。

信息不对称，最后的结果可能是堵在路上不断告诉自己的膀胱，“亲，你再忍一下，高速休息区就在前面”。憋着尿堵在高速上是“多么痛的领悟”。

浙江省交通运输厅正在开展一项新的试点：将高速历史数据、实时数据与路网状况结合，基于阿里云大数据计算能力，预测出未来1小时内的路况。结果显示，预测准确率稳定在91%以上（见图4-6）。

图4-6　交通预测示意图

浙江省交通信息中心主任韩海航表示，通过对未来路况的预测，交通部门可以更好地进行交通引导，用户也可以做出更优的路线选择。

对于大家关心的春节期间道路拥堵问题，浙江省内近1300km 高速路段的预测预计会在春节前后向社会开放。

阿里云大数据计算服务（MaxCompute）为项目提供了分析支持，并有多位资深数据科学家参与了联合研发。对于浙江省内近 1300km 的高速路段，MaxCompute 的强大计算能力可以20 分钟完成历史数据分析，10 秒钟完成实时数据分析。

首先，我们需要知道车速数据，采集的方法很多，有花很多钱的办法，也有花不多钱的办法。浙江省交通运输厅采用的是花不多钱的办法。你开车在高速上跑，手机信号在相距 500 米的基站之间不断切换，这样形成的手机信令数据可以准确地反映出单位时间内通过基站形成的速度变化。车速的数据就从此而来，比在路上埋线圈的办法节省了 90% 的成本。这是模拟的历史车速数据，他们最后会形成具体路段在具体时间点的历史平均车速。

大部分的预测都是基于历史平均车速，但这样的预测准确率并未达到 90%，我们还需要附近路段的实时车速数据。最简单的解释就是，如果你的上游和下游路段都在堵车，那你堵车的概率就很大了。在这里，我们加入了附近路段的车速数据。

浙江交通运输厅把这三类参数导入阿里云数据科学家提供的车速预测模型，最终算出了未来5分钟到1小时内的车速数据。

粗略估计，驾驶员通过选择合适的出行路线和出行时间，可以缩短5%～10%的出行时间，减少2%～10%的燃油消耗成本。

对未来路况的预测，也可用于支持无人驾驶技术。无人驾驶汽车除了通过各种传感器对"眼下"的数据进行快速判断外，还需要了解10分钟、20分钟后即将到达的路段状况，提前做出路线选择。

浙江省交通信息中心主任韩海航表示，路况预测的应用价值很高，但关键在准确性，需要"算得准、算得快、算得起"。如果仅仅基于历史平均数据来做简单预测，那样并没有实际意义。只有分析因素和维度越多，数据越丰富，得出的预测结果才会越准确。

4.3 金融云计算应用

埃森哲在名为《银行新时代：云计算改变游戏规则》的报告中指出，在银行业的未来，基于云的金融服务将会利用社交和移动的手段转变银行的客户体验以及与客户的关系，公共云将会在非核心和非差异化业务中占据主导地位，从协作应用、文档管理到支付等各种应用。金融云计算应用情况如表 4－2 所示。

表 4－2　金融云计算应用情况

国家	金融云应用进展	典型案例	业务价值
澳大利亚	澳大利亚金融行业采用云服务的步伐比较靠前，有些金融机构不仅将边缘业务迁移到云上，甚至将核心业务系统也在逐渐向云平台上转。这得利于客户对于云的深刻认识，还有一个重要原因是澳大利亚政府部门对于云的政策以及监管策略的实施	Suncorp Group 是澳大利亚第五大银行，第一大保险商，有超过 900 万客户，1.5 万名员工，其 IT 平台支持 5 个国家的 14 个品牌和 4 条业务线。Suncorp 打算重新改造 IT 框架，利用 AWS 支持敏捷的特性，在第一天制定了新技术的业务连续性计划，第二天梳理完成了风险、安全以及政府监管流程，不到 3 个月时间内实现了 VPC（虚拟私有云）和虚拟数据中心进入生产状态，并且计划把 2 000 多种应用包括核心业务应用都移植到 AWS 公共云之上	解决了传统 IT 架构成本过高以及监管复杂的难题
美国	美国的金融行业用户用于云服务的采用目前主要还是偏非关键业务系统为主	怡安集团（AON Corporation）为美国上市公司，全球 500 强企业，2010 年收入 85.12 亿美元。保险经纪业务和人力资讯及外包	该平台与资产定价系统和账单系统连接，

（续）

国家	金融云应用进展	典型案例	业务价值
美国	美国的金融行业用户用于云服务的采用目前主要还是偏非关键业务系统为主	业务为其两大支柱产业，该公司的两大支配产业都涉及海量的客户资料、业务数据和统计分析。在过去的20年中，该公司总共完成了450多个收购兼并项目，每个被兼并公司都使用其自有的客户关系管理系统。怡安集团选用了Salesforce.com的云计算服务，目前怡安集团已经替换、淘汰了30多个旧的不同版本的收入系统，形成了全球统一的标准化的平台，为分布在全球80多个国家的分公司、超过7 000名公司员工每天使用	能够实时提供业务发展数据、重点监控指标的报告，随时了解掌握整个集团公司的业务发展状况
中国	中小金融机构由于IT投资和人员有限，但同时对业务创新的速度和效率要求更高，因此对云服务的接受程度更高	天弘基金与支付宝在2013年6月13日，基于阿里云平台合作推出了“余额宝”理财支付产品上线短短几个月内资金规模便突破了2千亿元，用户数突破5千万，成为中国基金史上第一个规模突破千亿元的单只基金	性能卓越，上线后性能超出期望，实时请求处理高达11000笔/秒，远超原基于IOE的不足1000笔/秒的能力；效率提升16倍；30分钟完成之前要8小时的清算工作。

1. 国外金融云应用实践

案例 4-6

西班牙银行云应用

非常典型的国外例子就是西班牙第二大银行西班牙银行（Banco Bilbao Vizcaya Argentaria），分阶段上线 Google Apps，为全球 26 个国家的 11 万名员工使用。BBVA 使用云的应用软件产品，包括电子邮件服务 Gmail、日常安排工具 Calendar、数据存储服务 Docs 和网站制作软件 Sites，主要原因是云产品价格更低、安全和有好的体验；与客户以前的软件解决方案相比，使用云产品可使客户平均节约 50% ~70% 的费用，因为云只对客户使用的特定软件收取费用。整个部署实施分步实施：第一步是人力资源和财产管理部门员工使用，规模为 3.5 万人，初期以云 Docs 作为 Excel 的替代选项，逐渐扩展到全球。

2. 中国金融云应用实践：互联网以及微金融企业更积极

中国金融行业从银行、保险和证券三个行业来看，银行的总体信息化水平最高，以五大国有银行和 12 家股份制商业银行为代表的一线大型银行核心业务系统都是在传统IOE平台上，以自建数据中心和自主开发应用为主，因此上云的步伐是最慢的；以城市商业银行和农村金融机构为代表的二三线银行对IT投资有限，但同时对效率和业务创新的要求更高，尤其是这些银行希望能够切入如火如荼的互联网金融相关业务从而能够在林立的银行中获得优势的机会，因此云服务非常适合这类用户的需求。而对于这两年不断增加的村镇银行这类更基层的银行来说是个“麻雀虽小，五脏俱全”的金融机构，但在IT预算和人力方面都有限，因此非常适合银行SaaS云服务模式。

总体来看，在中国，互联网金融相关的新业务系统以及中小金融机构最容易上云，不少先行者已经从中尝到了甜头。

以阿里云为例，目前已有超过100家银行等金融机构向阿里云采购云计算服务。据悉，阿里云已计划向2 000多家银行、证券、保险和基金提供服务，其中需求最多的为自身后台技术薄弱的中小商业银行和其他金融机构。相比于传统方式，平均每家金融机构上云的成本将节省70%，时间上也由原先的30天缩短为数天，对IT运维人员的要求也大大减少。

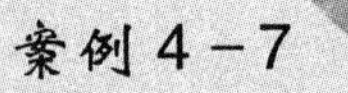

天弘基金云应用

2013年6月天弘基金与支付宝合作推出了“余额宝”理财支付产品，截至2014年6月底规模达5 741.6亿元，为国内最大、全球第四大货币基金。产品良好的用户体验有赖于大规模计算能力的强力支撑。在阿里云计算平台上线后，实时请求处理高达11 000笔每秒（传统架构为不足1 000笔每秒），效率提升16倍，30分钟完成了之前要8小时的清算工作。

案例4-8

网商银行：核心系统跑在云上的银行

有App没有网点、核心系统跑在“云”上、服务提供由机器和大数据决定而不是由人决定。2015年6月25日开业的浙江网商银行，更像是一家有银行牌照的科技公司。平台化运营的网商银行未来还会将技术能力和服务输出给其他金融机构。

在云上整体入驻的有保险公司、基金公司、券商、小贷公司……这些金融行业中的部分机构已经将包括核心业务在内的所有系统都部署在云上。随着网商银行的开业，云上来了整体入驻的新房客——银行。

网商银行是第一家全部系统建在云上的银行，让银行业告别了IBM的服务器，Oracle的数据库、EMC的存储设备，将设想变成了现实。以往的银行系统是以产品为中心的交易式IT，因为云计算，网商银行的系统变成了以客户为中心的交互式IT。

如果将传统银行IT系统购置的大型服务器，比作是一头能力巨大的大牛在拉车的话，云计算则是把数量众多的小牛串在一起拉车。大牛能力超凡，价格也十分昂贵。缺点是灵活性不足，只要负载的重量稍微超出大牛的能力，就需要再买入同样的一头大牛。公开披露的信息显示，某大行从1999年开始，连续15年在系统方面的投入都超过了50亿，这样的成本支出远非中小型的金融机构所能承受。云计算则不然，它串联的是普通PC机，单个成本低廉，如果负载的业务量超出成承载能力，可以根据需要租来几头廉价的“小牛”加上即可。

如此比较起来，跑在云上的银行系统，不仅能力上可扩展性更强，成本也要低得多。以单账户成本为例，国内大银行一个账户一年的IT成本大概在50元上下，小银行则在80到100元之间，而网商银行这一成本则在1元以下。IT系统成本高，也是一些银行对小额账户收取年费的重要原因之一。再从银行最日常的支付业务来看，银行每笔的交易成本在几毛钱，而跑在云上的网商银行只需要不到两分钱。技术优势及其带来的成本下降，成了网商银行可以大力拓展普惠金融业务的基础。

案例4-9

众安保险：云端保险公司加速创新

据报道[㊀]，众安保险的首轮融资已获得保监会批复，融资规模占公司总股本的10%左右，整体估值约为500亿元。新增的财务投资者包括：摩根士丹利、中金、鼎辉、赛富和凯斯博。而这距离众安保险正式挂牌开业的时间仅仅17个月。

在此期间众安保险已经上线了100多款互联网保险产品。这得益于创新的互联网产品形态、强大的云计算能力、数据驱动的产品设计和敏捷的管理运营，众安保险的业务快速突破，超越了传统金融机构成长的速度。

经营上的成功，有赖于技术上的领先。众安保险是国

㊀ 参考洪偌馨，《众安保险：17个月如何炼成500亿估值?》，一财网，2015年6月11日。

内乃至世界范围内最早一批全面使用云计算和大数据技术的金融企业。开业伊始，众安的全部核心业务系统都在阿里金融云上运行，并通过了保监会的合规审查，开创了行业先河。基于阿里云的强大计算能力和资源灵活调配优势，众安保险凭借轻资产的IT模式保障了业务的飞速发展，满足了庞大的计算需求。仅2014年11月11日，当天承接的保单数量就超过了1.5亿笔，超出当日行业内其他公司处理保单数量的总和。

通过使用阿里金融云，众安保险在安全合的前提下不用自己投资建设数据中心和IT基础设施，就可以快速使用计算资源。在交易高峰期可以申请大量的云服务器来支持业务处理，过后又可以释放掉来节省成本。

得益于源自阿里巴巴的中间件技术，众安保险能够在不使用大型/小型机、高端存储、传统大型商用数据库的情况下支撑海量的交易和事务处理。正是因为这种强大技术能力的支持，众安基于云计算和大数据技术的新型互联网保险核心系统仅在2014年就处理了超过10亿笔保单。根据业内人士估算，同期全行业其他保险公司的保单总和也就在20亿至30亿笔之间。同时，对比全行业每年超过百亿元的IT投资，众安的IT成本几乎可以忽略不计了。

云计算为众安保险带来的不仅是 IT 管理模式的转变，还传导到整个业务链条的各环节。由于 IT 系统变得更灵活、敏捷，众安的产品上线周期可以缩短到两周，产品创新的成本也极大降低。新产品能够以极低的成本快速上线，并展开小范围试验，一旦获得成功就可以立即大规模推广。低廉的 IT 成本使得众安保险在每笔保单平均金额为 0.5 至 0.6 元的情况下仍旧可以保持盈利，从而保证了在保险场景碎片化，保单金额低价化，购买频率高频化的局面下能够自如的设计产品及商业模式。而在采用传统 IT 技术的保险公司里，这是做不到的。

一个“在云端”的众安保险，将以强大的技术能力和创新的商业模式在金融领域大展身手。

4.4 医疗云应用：巨大潜力

随着我国医疗改革的深入，医疗服务和健康管理产业出现了突破式的发展，尤其是在云计算和大数据的基础之上，互联网医疗、移动医疗和健康管理等新的业务模式开始初具轮廓，并且冲击传统的医疗服务模式，而云计算的应用也会从医院本身的信息系统云化到区域医疗云到移动医疗 App 的云端应用等。但从云计算应用的水平来看，我国医疗行业相对于其他发达国家来说还处在起步阶段，也拥有很强的中国特色。

1. 国外医疗云应用实践

国外医疗云进展在美国，医疗行业的信息化水平一直处在各行业的领先地位。美国 CDW 公司一项调查结果显示，医疗保健行业近 1/3 的决策者选择使用云服务。在使用云服务的医疗保健机构中，大部分称每年可降低约 20% 的 IT 成本。

基于云和大数据的家庭健康医疗正成为美国医疗信息化的热点。在美国，一项由美国医疗卫生界联邦信息技术项目推行的“蓝色按钮”计划正在实施，旨在为患者和普通用户提供在线安全的健康记录，并对他们的健康进行管理和监督。该平台记录详细的个人健康信息，包括化验结果、医生记录、问题清单以及健康提示灯。使用者不仅可以在线查看这些健康信息，还可以导出数据，自动生成针对个人的健身计划。目前，参与该项目的人员超过 170 万人，已有超过 97 万的用户下载了超过 600 万份文件。

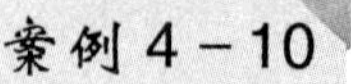

Verizon医疗云应用

Verizon电信公司基于云计算平台提供了专为医疗记录而设计的数据存储和配送服务——“Verizon医疗信息交换系统（Verizon Health Information Exchange）”，与Verizon医疗数据交换系统配套的产品是一项医院、医疗应用、医疗办公室技术供应商和最终用户都在使用的服务，从而实现医疗供应商之间HIPAA兼容的病历传送。它是一个基于现有应用的后端传送服务。

Verizon公司的销售策略是按需计费而不是逐步订阅，但该应用是弹性、可扩展和自助服务的。医疗信息一般都是庞大而混乱的，每一家医院都有处理患者病历的不同方法，这使得传送正确的病历信息成为一大难题。由于越来越多的医院看到了标准化和使用基于云计算服务的价值，他们已经开始着手重新制定以医疗记录为中心的标准。现在，Verizon公司将支持基本医疗信息技术标准委员会（HITSP）的指导方针。

2. 我国医疗云应用实践

2013年推出的《健康中国2020战略研究报告》提出，

针对医疗信息化，卫生部将推出未来八年611亿元预算的全民电子健康系统工程，包括大型综合医院信息化系统的标准化建设、建立全民电子健康档案和区域性医疗信息化平台三项工作。当前，随着国家医疗信息化建设投入加速和“新医改”政策的持续实施，利用云、物联网和移动、大数据相关技术的新医疗类应用层出不穷。

与金融、电信等信息化水平高的成熟行业比，我国医疗行业在信息化方面还处在成长期，未来潜力巨大。目前主要分为三个层面：一是各医院本身的信息系统建设，向未来医院可以结合移动端和云端的能力给患者提供更优质的服务；二是区域级医疗平台，以区域居民健康档案和电子病历为核心；三是面向公众提供的医疗服务，比如火热的移动医疗App等。目前，这三种应用场景都开始基于云计算有了新的突破和方向。

从医院本身的信息系统建设来看，大型三甲医院已经自己建立比较完整的HIS（医院信息系统）和PACS（电子影像）系统，正在完善电子病历（EMR）系统以及临床信息系统（CIS）建设。各大医院也纷纷投入力量提升移动医疗服务能力。

案例 4－11

“未来医院”云应用加速智慧医疗进程

以阿里巴巴集团希望借助阿里云和支付宝的巨大能力帮助各医院实现“未来医院”计划为例，利用移动互联网和大数据能力，帮助优化现有医疗资源配置，完善医院服务体系，体现以人为本的医疗服务模式，目前有了初步的突破，将阿里最基础的支付能力、账户体系能力、数据能力和云计算能力输出到医疗行业，帮助医院建立移动医疗服务体系，利用支付宝钱包实现全流程移动就医服务，未来还会增加所有就医环节的完善，激活整个社会医疗生态，最终的目标是通过基于大数据和云计算的健康管理平台，实现健康服务的治疗到预防的转变。目前，已经有 37 家医院加入了支付宝未来医院计划。

以邵医健康云平台为例，它旨在建设云端的医院、家门口的医院，通过线上与线下资源的有效整合实现各级医疗机构的资源和服务的整合，让患者足不出户便享受到移动医疗带来的便利。同时，创新医患、医医、医药联动服务模式，对接第三方运营服务、药品配送和健康服务联动，实现上下互通、跨行业协同，为群众提供现代化的健康服务，为医生提供连续、专业的协作通道；为跨院分级诊疗提供以患者为核心的协同服务平台，为医药联动提供更快捷的互联渠道。

邵医健康云（见图4-8）平台是互联网+医疗的有益尝试，实现了医生与医生、医生与医院以及医生与患者的分级诊疗平台，将三甲医院、区级医院以及社区卫生服务中心的医疗资源连接在一起，实现了转诊与会诊功能，提升了社区卫生服务中心的问诊能力。由于整个平台是开放性的，所以后期浙江省及周边各级医院都可以灵活接入。

图4-7　邵医健康云示意图

该平台可以在某种程度上解决医疗资源不均衡的问题，建设“三个桥梁”并实现三种改变，即建设医患桥梁、医医桥梁和医药桥梁，实现就医模式转变和服务模式转变和管理模式转变三个医疗模式的转变。

“邵医健康云平台的正式启动，更重要的意义在于，为分级诊疗的实施提供了全流程的移动化技术支持，结合对大众分级就医的引导，有利于推进区域分级诊疗体系的形成，推动我省健康服务业走在全国前列，这对我国医疗服务行业的转型升级和医药卫生的深化改革具有重要意义。”蔡秀军院长说。

医院之间信息的共享依然是目前医疗信息化所面临的问题，建立标准统一、架构规范和安全可靠的区域级医疗卫生一体化信息平台已成为各地卫生主管部门的共识。全国各省市也都在建设以电子病历为核心的区域医疗平台。例如，北京市公共卫生信息中心主导的医疗服务应用区域平台第一期连接30家三级医院（包括21家市属医院和9家电子病历试点医院）然后逐步把全市所有医院连接到一起，实现互联互通和资源共享。再如，上海闸北区走在医疗健康云应用的前面。闸北区已建设成国内领先的统一居民健康档案区域共享平台，社区居民电子健康档案实现了动态管理和运用。该“健康云”平台收集了88万健康档案，其中除了83万区域内常住人口外，还包括5万周边居民的健康档案。以公安实有人口基本信息为基础，以个人身份证号为唯一标识，实现健康档案信息动态整合。

案例4-12

移动健康类Apps云应用

春雨医生、好大夫在线以及全科医生等移动健康类Apps受到越来越多的关注，而以收集运动、睡眠等信息为目标的可穿戴设备的普及势必使得移动端Apps可以收集到更多第一手的身体健康相关信息，这类信息结合云端的大数据分析能力以及移动端的展现能力才能真正为消费者提供闭环的服务。

4.5　制造业云应用：刚刚起步

制造业涵盖范围很广泛，规模大小不一，信息化水平差异比较大，在我国尤其如此，汽车、制药、消费电子以及快速消费品等子行业企业众多。有些大型制造业企业信息化水平很高，比如汽车制造业已经投入巨资部署了传统

ERP、CRM和SCM这样的企业级软件，但思维相对保守，倾向于自己投资建设数据中心或自建IT系统，同时由于电子商务的快速发展使得消费品制造商不得不通过信息化能力的快速提升来获得对市场的快速响应能力，因此对于新型的云计算应用的接受度更高。另外一类先上云的就是中小型制造业用户，则出于成本和IT人员欠缺的考虑，也比较倾向于使用云计算应用。

1. 国外制造业云应用实践

案例4-13

施乐公司云应用

施乐（Xerox）公司作为生产打印机和复印机的著名厂商，希望能够把员工的学习培训机制从传统基于教室的方法转向需求驱动的方法。认识到视频在培训教学中的力量以及员工越来越多地使用移动平台，施乐公司与微软Azure的合作伙伴一起实现了基于Azure云的视频内容管理解决方案支持移动设备随时随地访问。通过使用公共云服务，施乐公司能够更有力地教育分布在各地的员工，减少了员工培训的时间，提高了效率，不用投资基础设施就能获得高可用性和可扩展性。

案例4-14

联合利华公司云应用

联合利华（Unilever）北美公司需要重新设计基础架构以支持联合利华的数字化营销策略，以前使用自建数据中心支持其Web特性，不同地区使用不同的技术和流程，他们希望通过采用云策略实现了共同的流程。联合利华选择了数字营销平台，不仅是灵活性强，而且还拥有全球统一的基础架构和平台以及丰富的合作伙伴的生态系统。联合利华IT部门通过向公共云迁移实现了两个目标：在不同区域进行内容分发方面使用同样的技术平台，同时迁移现有的Web特性到云平台上。通过迁移到云平台，提升了业务敏捷性和运营效率，上线数字营销活动的时间从两周缩短到两天左右，比传统环境快了7倍。

2. 中国制造业云计算应用实践

电子商务的快速发展倒逼着消费品制造业用户借助信息化的力量加速转型升级步伐，提升自己的核心竞争力，而大部分消费品制造厂商的IT部门力量和信息化投资有限，云是它们实现转型的快速通道。

案例 4-15

特步云应用：借助云降低成本

以特步为例，作为一家发展迅速的服装制造公司，特步紧跟电子商务的发展浪潮，先后推出了官方B2C商城和手机App客户端，但是在底层基础设施建设上遇到瓶颈，主要是在商城的自建机房中无法解决南北互通问题和海量商品图片存储和按需付费问题。阿里云优质的网络带宽资源，基于阿里云飞天架构的完善和稳定性，以及阿里云云计算的弹性价格和扩充性，能够比较好地解决特步面临的挑战。特步通过使用阿里云更好地合理节约成本，他们还可以使用负载均衡和CDN提高系统性能。

案例 4-16

德澜公司云应用：实现向价值链高端拓展

大型家电厂商也在以不同方式提升家电智能化水平，加速家电物联网化能力和水平。在2013和2014年度，由于云计算服务的成熟和大数据技术的进步，家电物联网产品已经进入实质性发展阶段，大型的家电厂商有多个新产品进入批量生产阶段。比如德澜科技与美的、海尔携手，依托阿里云计算平台实现了物联网与云计算、大数据的紧密配合将智能家电推向商用，增强了产品的功能（如智能空调的更多使用模式、远程遥控），提升了消费者的体验（根据用户使用习惯自动调节），加强了厂商设计、生产与维护的能力（消费者的使用偏好、使用区域及年限、配件状态等）。在产品类别方面，空调和热水器由于远程遥控的需求，是最先和最容易物联网化的。特别是空调，由于中国产量巨大（全年超过9 000万台），目前是物联网家电最主要的市场。2014年预计物联网空调的产量在50万台左右，2015年到百万级的规模。基于中国巨大的市场，智能家电状态和用户使用习惯的海量数据将日益成为重要资源，其有序流动将激活中国庞大的生产能力。云计算服务的广泛采用，将带来中国生产制造领域的变革，实现向价值链高端环节的拓展。

目前德澜已经为20多家企业提供了整体解决方案或部分方案，包括美的、海信科龙、长虹、鸿雁、太阳雨、史密斯等一线品牌，产品涉及空调、冰箱、洗衣机、热水器、空气净化器、净水机、厨房类、冲奶机、米桶以及其

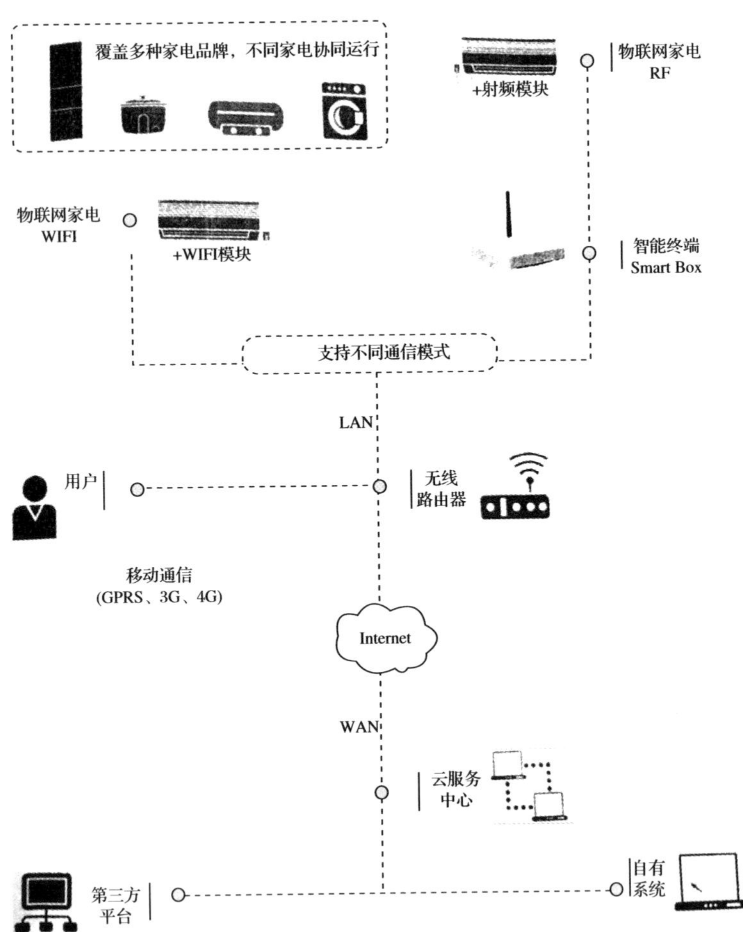

图 4－8　建在云上的智能家电系统

他小家电等。产品智能化的同时，也实现了与终端用户直接互动，通过依托云计算的大数据分析升级了家电企业的售后服务、研发、生产体系，推动其在制造外探索租赁等商业模式。

因为工业、制造业生产难度大，“互联网+”转型升级的困难比较多，所以无论是德国的“工业4.0”、美国的“工业互联网”还是我们的“中国制造2025”，其中很重要的目标都是要借助互联网、云计算与大数据的力量来实现传统产业的转型升级。可喜的是，以中石化为代表的首批“吃螃蟹”的大型能源制造型企业已经取得了丰硕的成果。

案例4-17

90天打造首个石化工业品电商平台

2016年4月18日，中石化正式宣布首个中石化工业品电子商务平台——易派客正式投入商业运营，借助阿里云顶尖的技术能力，易派客从立项到上线仅用时90天。试运行短短一年，累计成交金额已经达到137亿元，并以月均近12亿元的速度增长，交出了一份闪亮的成绩单。

易派客是为了满足以中石化为核心企业的供应链的巨量需求而建立起来的SC2B（Supply Chain to Business）电商平台。易派客拥有优质的供应商资源，能够提供优良的产品并设有专业的B2B物资采购流程，可以提供全方位的产品服务。

易派客的对内服务是以满足中石化生产建设的物资需求，推动企业增效升级为主；对外则是以满足社会的有效需求，为国内外企业提供物资采购解决方案为主，旨在将中石化的采购优势和成果与社会共享。

短短一年时间，易派客平台上已经拥有供应商企业25 647家，采购商企业1 615家，总注册用户93 359个。商品品类和数量不断丰富，上线商品总数高达15.3万个，并且以每月1.3万个的速度增加，商品种类小到碳钢松套法兰、催化裂化催化剂，大到泥浆泵、高压电力电容器等应有尽有，不啻为搭建了一个万能的“工业淘宝”。易派客一年惊艳成绩单的背后，与阿里云顶尖技术能力的输出息息相关。

易派客电商总经理王志刚说：“利用阿里云提供的丰富的云产品，可以快速搭建易派客的电商平台，及时响应业务需求。阿里云的公共云计算服务大大降低了IT投资及运维成本。通过分享阿里‘厚平台、薄应用’的管理理念，在易派客建立的中石化共享平台的基础上，使得后续的燃料油、化工品销售、CRM等板块得以快速开发建立，避免了重复建设。”

据悉，阿里云为中石化输出的“去中心化”的分布式应用服务框架EDAS，该产品经受过淘宝10年互联网架构的磨炼，能够充分满足大型突发场景下的性能要求。同时基于“厚平台、薄应用”的思路，在互联网分布式架构的平台下可以随时随地进行扩容，为此，易派客能够快速建立订单中心、用户中心、支付中心、商品中心等几大模块，及时满足了中石化各方通用的业务需求。

中石化信息化管理部副主任张朝俊在出席云栖大会厦门峰会时，首次谈及中石化为什么会选择阿里云以及如何使用云计算、大数据对传统石化工业进行转型升级的。张朝俊说：“我们大部分传统企业的IT架构，前几年都是烟囱式的发展，每个系统从底层的计算资源、存储资源、数据资源到前端的应用都是独立的，通过和阿里云的合作，我们打造了一个统一的平台，在这个平台上，可以快速地开发出各类应用以满足业务线的需求……我们用100人花了不到100天的时间建成了国内最大的工业品电商平台——易派客。通过阿里云的互联网中间件和‘数加’，我们能够快速地把中石化积累几十年的大型物资采购经验释放到全社会。”易派客是双方合作的第一个项目。

中石化使用阿里云的互联网中间件技术，借鉴阿里巴巴的企业级互联网架构经验，打破了以往的“烟囱式”系统，实现了资源融合、架构共享和数据互通。张朝俊认为，使用大数据前企业就像盲人摸象，需要从成品油、化工产品、燃料油、物资采购等不同视角进行探索，而数据互通之后，创新就容易多了。

当被问到为什么没有自建云平台时，张朝俊说，“当时中石化内部对于自建平台还是租用平台进行了详细的比较分析。”如果使用开源技术自建平台，以后不知道哪里会有沟、哪里会有坎，很容易出现问题，而使用阿里云的话，阿里巴巴内部几万名工程师都已经把这些“沟沟坎坎”趟平了，用起来更有保障。毕竟阿里云在“双11”这种极端情况下都能够平滑地扩容，并且阿里内部的淘宝、天猫、支付宝一直在使用阿里云，没有出过任何问题，所以，比较之后，中石化选择租用阿里云平台。

4.6　云上创业应用

随着云服务应用的日趋广泛，云的应用从 IaaS 层面拓展到 PaaS 和 SaaS 层面，云服务已经在改变着传统软件产业的发展。我们可以看到，传统的以销售许可证模式为核心业务的软件巨头们纷纷向云模式转型，通过并购、自建数据中心提供云服务以及与第三方 IaaS 厂商合作在其平台上为用户提供云服务等模式在加速向云的转型。国外厂商提供的 SaaS 服务提供的是覆盖高到低端用户的服务，比如 Microsoft 和 Oracle 在竭力自己提供从 IaaS、PaaS 到 SaaS 的全堆栈服务，而 SAP、Adobe 等厂商则在第三方公共云平台提供 SaaS 模式。而国内 SaaS 市场目前还主要是面向中小企业市场，比如用友、金蝶以及新兴的 SaaS 厂商 Xtools 和 Baihui 等。

以全球最大的应用软件厂商 SAP 公司为例，虽然目前 SAP 的主要业务依然是以许可证模式为主，但其向云服务转型的步伐在不断加快。SAP 在国外与云服务商一起合作向用户提供向云迁移的解决方案，用户可以无缝在云平台上运行自己的业务。将 SAP 企业应用部署在云上消除了现场部署的复杂性，运行云平台上SAP应用的总体拥有成本最多可以降低71%。

国内应用软件市场的领头羊用友和金蝶早就开始尝试SaaS化过程，但由于其提供的服务侧重于财务软件SaaS化，用户的接受程度有限，反倒是一些与电子商务、人力资源软件或者协同市场、客户关系管理相关的软件SaaS化更容易。比如商派软件作为最大的电商软件的提供商之一，服务了70多万的电子商务用户，他们使用了阿里云的不同产品，从弹性计算到后面的RDS，不仅帮其节省了购置机器的成本，而且其原来需要20多人的运维人员，通过将后台搬到阿里云，只需要2个人的运维团队就可以管理所有机器了。通过采用软件与资源结合的模式，为网商提供一站式电子商务服务。以双方合作的易开店为例，从基础的网站建设到后期运营服务，从域名、服务器到软件、售后服务全部一站式解决。

案例4－18

畅捷通借助阿里云转型SaaS模式

畅捷通主要为小微企业提供软件及服务，面对企业互联网化的浪潮，畅捷通加快产品云化改造。随着企业业务范围的扩大和快速发展，多个分支机构和多用户访问云产品的硬件配置和网络速度提出了更高的要求，大大拉升了企业信息化投入成本，数据的安全和稳定也受到企业的高度重视，为企业提供高可靠、高性能的云应用服务，成为畅捷通软件业务发展的重要机遇和挑战。在此背景下，畅捷通与阿里云开展深度合作，推动双方在技术、服务和数据等方面的资源互补。

技术合作大幅降低用户使用成本。畅捷通与阿里云合作提供云主机服务——T＋云部署，即企业购买畅捷通T＋软件，租用云主机部署应用，以此为企业降低IT成本、增强网络可靠性和数据安全性。如山东潍坊一个科技公司采用了T＋云部署服务器的方式，在T＋软件的基础上每年再支付几千元的费用就能免去购买硬件设备、雇佣运维人员等支出。据计算，每年至少能够帮助每家小微企业节省9千元至1万元开支费用。

业务互补为双方带来增量客户。畅捷通加入阿里云生态体系，不仅有助于改善双方共同客户的服务效率，还能够促进两者的客户群体交叉渗透。例如，畅捷通有很多线下的客户需要发展电商，阿里云上的一些初创企业成长后需要管理软件服务，为双方带来不同行业的增量客户。截至 2015 年 6 月，畅捷通云服务平台新增小微企业用户数达到 13 万，实现了用户数翻倍。

数据融合为客户带来增值服务。畅捷通与阿里云合作过程中，将推动管理数据与交易数据融合复用，在此基础上发展数据分析服务，既能够降低用户对账的工作量和复杂度，也给阿里的贷款和风控带来益处。通过数据融合和增值服务，加强了双方的业务实力和创新能力，为客户带来基于数据的增值服务和多重价值。

麦肯锡认为，从战略上说，中小企业应用云计算比大型企业更有意义，因为大部分中小企业的 IT 运营水平较低，缺乏足够的资金预算和专业的 IT 规划与运营人员。云计算使得中小企业有机会在 IT 系统方面与大型企业处于同一水准上。对于国内外的创业型企业和小微企业来说，IT 预算的欠缺都是共同面临的挑战，尤其是致力于互联网和移动互联网领域创业的小微企业。对于这些企业来说，互联网在线用户数量波动是常态，如果自己购买服务器、存储以及网络带宽等资源，不仅投入巨大，而且面临不够灵活、维护成本高的问题。计算和网络资源准备不足，如果在线并发用户压力大难以应付，投入过多又可能造成大量浪费。因此，云服务对于这些企业来说是非常好的解决方案。

国内外云服务商在通过多样的激励措施鼓励更多的初创和小微企业选择云平台作为其IT基础设施的选择而不是自建模式，这样更有利于云应用的健康快速发展。尤其是，移动互联网和游戏行业的小微企业众多，其应用类型又对IT基础架构的灵活性要求较高，因此具有很强的代表性。

案例4-19

芝麻科技用云实现更智慧的生意

作为成立于2013年的一家创业公司，芝麻科技的定位是大数据分析应用服务公司，定位为零售行业提供可视化的数据分析应用，芝麻科技认为线下商业的核心竞争力是“体验式消费”，通过大数据提升门店的服务能力和顾客的消费体验，让商家更加了解用户，大数据会为实体商业带来革命性的影响，真正走入以消费者为导向的世界。

它将线下实体商户关心的核心数据信息进行多维度收集，同时将其进行可视化处理以图表形式展现，在数据分析上得出一些关于进店顾客的关键性指标。其业务包括三个层面的产品服务：**①客流分析服务；②消费者画像精准**

营销服务；③门店智慧导购服务。

芝麻科技发布的新产品“知了”和“观星”，利用了阿里云的云存储、离线数据处理以及在线分析等工具和服务。其中，“知了”是芝麻科技基于线下零售门店推出的实时导购助手，通过基于WIFI的探针技术。在店员与顾客接触互动的0.1秒之内，借助实时触点识别和大数据分析技术，店员就能够收到“知了”推送的针对顾客的个性化商品推荐和导购建议。虽然不到0.1秒，但数据已经经过了线下采集、线上融合，最终输出精准智能推荐。

“观星”则倾向于对群体消费者的刻画。它将线下商业消费数据与脱敏后的线上消费行为轨迹融合，拥有500多个标签，可以呈现品牌或门店消费者的群体年龄、学历等基础特征以及购物偏好、兴趣爱好等行为特征，同时还提供相关行业对比，为实体商业提供基于多维度分析的画像报告，还可以延伸到热力图体系。芝麻科技CEO朱智介绍，一家火锅店的老板在数据分析后发现，顾客中来自附近某小区的比例远低于预期规划，于是去做了定向的营销推广，一个月后来自这个小区的顾客比例上升了50%，也带动整体销售提升了10%。

案例4-20

安存科技：云上实现电子数据全生命周期管理

2006年，律师出身的徐敏在执业过程中发现，越来越多的商户通过互联网进行交流和交易，一旦发生纠纷，商户把过程中产生的电子数据交给法院希望作为证据时，法院并不认可，硬伤在法院无法确认这些电子数据是真实的、未经篡改的。如果有一家公司可以实时存管并证明这些电子数据没有被改过，是真实的，那么将解决其面临的棘手问题，极大地改变现状。基于此，2008年，徐敏创立安存科技，并将其定位为“电子数据存管与证明”。

一个安全的电子数据，其生命周期有三个阶段，第一个阶段是数据的生成和创建，二是数据的传输和存储，三是数据的取得。在这三个环节当中，任何一个环节产生问题，这个数据就容易被篡改。基于此，安存科技研发出了“金融安全级别的全数据生命周期电子数据存管与证明体系”，实现了电子数据存管和证明的自主化、事前化、标准化。

- 生成和创建阶段

用户产生电子数据的那一刻，安存科技就通过“安存电子数据保全系统”对该电子数据实行实时完整性同步备份，在第一时间，最短的时间保存并固定电子数据。系统服务器采用的时间是中国科学院国家授时中心时间源。可以非常精准地记录电子数据创建、同步的时间。

● 传输和存储阶段

同步备份的数据将被传输存储至“阿里云”。传输的过程采用了公安部标准完整性鉴别。每一份被保全的电子数据内容都经过加密，只要用户保管好自己设置的密码，电子数据的内容就不会被人为篡改。系统通过了公安部标准完整性鉴别，证明备份的数据同步到云端的数据是完整的。存储采用的是阿里云分布式存储集群。所谓分布式存储，就是一个电子数据会被打碎成几百个几千个碎片，每个碎片都分布于不同的服务器。每个服务器的数据都是海量的，要找到某一个电子数据都是非常难的，要修改它更是不可能。安存科技跟阿里云合作，享受的是支付宝金融级安全级别。

● 取得阶段

建立专用独立的公证取证通道，让公证机构直接进入“安存金融级数据保全云”调取已备份保全的原始电子数据，公证机构通过比用户提供的电子数据和调取的原始电子数据，依法出具公证书。公证机构是法定的中立机关，是没有利害关系的权威第三方，并且以公证书的形式对取证过程以及电子数据的内容进行直观呈现和形式固定，有效解决了证据的法庭质证呈现及归档问题。

安存科技的产品，包括：

- **无忧存证——互联网金融保全解决方案**

互联网金融平台的交易在互联网上进行，与传统金融行业采用的纸质信用媒介不同，其“用户身份信息、标的信息、投标信息、电子协议信息、资金兑付信息”等都是以电子数据的形式存在，具有易变性、易改无痕性。对于投资人来说，一旦违约跑路，只要关闭服务器或修改数据，就能让维权举证变得无比艰难，权益无法得到保障。

基于此，安存科技推出了无忧存证，保全互联网金融交易过程中的“投标数据、支付数据、协议数据、持仓凭证存证”等电子数据并上传至云端。无忧存证为投资者证明“我确实投资了，投资了多少钱，资金流向了哪里，当初我和金融平台签订的协议是怎样的，关于到期回赎当初是如何约定的”等这些最关键的问题。即使平台跑路倒闭，云端的数据却一直真实的、完整的存在着。

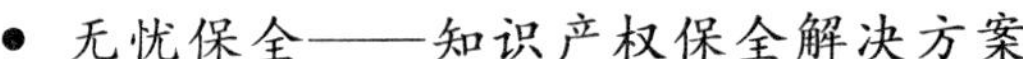

● 无忧保全——知识产权保全解决方案

随着互联网的普及，网络逐渐成为传播作品的主要载体之一，随之而来的是知识产权侵权现象井喷增长。多地法院表示，诉讼案件数量大幅增长。在发现侵权行为后，很多网民尝试自主截屏维权，却发现困难重重：第一，借助互联网手段，侵权网页可以做到稍纵即逝，很难及时取得证据。第二，即使获取到电子数据，但因其真实性问题，很难被法院采信。

基于此，安存科技推出了知识产权网络存证及取证平台——无忧保全。前端的内容网站通过在后台与这一平台对接，原创作品在第一时间能获得权威证明，并以加密的形式传输存储至云端，既解决了网络作品版权产生的时间证明问题，也能确保原始作品数据的完整有效，第三方公证机构还能提供原创证明。在作品传播过程中，一旦监测到他人未经授权使用，侵权网页也能及时得到第三方公证机构的公证。

● 公正邮——电子邮件保全解决方案

现实生活中，电子邮件应用非常广泛，但在司法实践中，普通电子邮件的证据效力低，原因有三：一是对方当事人出于利益，否认收/发信人或邮件内容的真实性；二是法官难以判断所呈电子邮件的真实性和完整性；三是公证处只能对邮件的现状进行出证，而不能证实邮件来源、发送时间、邮件内容的真实性。

基于此，安存科技联合电子邮件服务商——网易推出了网易公正邮，通过“开通公正邮，实名登记，证明邮件所有人——收发邮件，实时保全，确保邮件真实性和完整性——加密传输，第三方云存储，确保安全性和私密性——当事人申请公证，公证处调取原始电子邮件，依法出具公证书”这样的原理，使得电子邮件成为“铁证”和“呈堂证供”。

- **安存语录——通话录音保全解决方案**

对于录音，法庭比较一致的采信方式是，经过公证的电话录音才具有法律效力。而电话录音公证一般需要到公证处，当着公证人员的面，用公证处的电话拨打，才能出具公证。对于当事人来说，这显然不现实，因为你不知道你的哪一通电话最后会产生纠纷。现实生活中，出现了诸多口说无凭的现象。

基于这一现实情况，安存科技联合三大运营商推出了安存语录，只要在拨打对方电话前加拨“95105856”或者通过App直接拨打，所有的通话录音都将被保存至云端，日后如果需要作为证据提交，只需从“安存语录”后台直接申请公证，公证处将依法出具公证书。

全国有200多个地区的法院在使用安存语录进行电话通知通达，浙江省高院于2012年就开始使用安存语录于日常办公。浙江省高院于2012年引进200门安存语录，大大提高了送达率和审判效率，在取得极好的效果后，倡导全省法院使用安存语录。2012年12月以来，杭州市拱墅区人民法院对于身份明确但因各种原因导致缺席判决、外地在杭当事人无暂住证或户口不明确、第三人不愿出庭作证等情形的案件，尝试使用安存语录进行送达，效果良好。

安存语录为淘宝卖家解决了难题，被誉为“差评师克星”。90%的差评师通过电话敲诈勒索卖家，差评师不敢用旺旺联络，因为用旺旺联络的时候，淘宝的后台是可以看得到的。安存语录出来之前，淘宝卖家也用手机自带录音记录通话内容，把本地录音提交给淘宝，但因为本地录音的内容真实性无法判断，往往申诉失败。安存语录出来后，不仅卖家欢迎，淘宝官方也欢迎，成为“淘宝官方唯一认可的语音维权工具”，大大遏制了差评师，卖家们欢呼雀跃。

1. 国外移动互联网和游戏行业云应用实践

案例 4-21

Flipboard 云应用

Flipboard 是世界上第一个社交杂志平台，Flipboard 从最初就运行在云平台上的基础设施，因为其能提供大量的解决方案并且拥有很好的灵活性。Flipboard 有几百个 Amazon EC2 实例在运行并且数量随着用户基数的增大和特性集的增加在持续不断的增长。通过使用公共云服务，他们从概念到可以提交的产品时间只需要 6 个月左右。

案例 4-22

Foursquare 云应用

Foursquare 是一家基于用户地理位置信息（LBS）的手机服务网站，并鼓励手机用户同他人分享自己当前所在地理位置等信息，全球有超过 4 000 万用户。Foursquare 每天有大量的应用日志，它依赖于每天使用的日志分析来评估新的产品推出以及进行长期趋势分析，工作负载在不断增长。但 Foursquare 用来分析的数据库平台需要高昂的许可证费用，并且也需要大量人员保证系统正常运营。在使用公共云服务后，Foursquare 不仅节省了大量的用于购买软件许可证的费用，同时可以让 IT 人员将精力花费在更有战略性的项目上，而不必花时间在配置以及维护服务器和存储这些环节上。Foursquare 还实现了根据业务的变化随时进行添加集群节点，这样就可以更灵活地应对业务的发展需求了。

2. 国内移动互联网和游戏云实践

国内众多致力于互联网创新的小微企业从云服务中受益颇多。

案例 4-23

玩蟹科技云应用

北京玩蟹科技是专注于移动互联网游戏产品开发和运营的创新企业，其产品《大掌门》在苹果 AppStore 和各大 Android 市场位居前列。80 后年轻人领导的 100 余人的团队，在经营了两年之后，以 17.39 亿元被掌趣科技并购，创造了游戏行业的一个奇迹。对游戏行业来说，今天刚上线，明天就有 10 倍的需求。也就是说，今天上线 1 台服务器就够了，明天可能就需要 10 台服务器，用户快速涌入。阿里云的云计算服务很好地支撑了玩蟹的指数级用户增长，帮助其从资源并不充裕的初创企业一跃成为行业明星。

案例4-24

脸萌：低成本助力小微企业实现爆发式增长

2014年火爆互联网的个性化头像程序——脸萌手机App应用，其用户6月份猛增至3000万，其单日下载量超过500万次。脸萌创业早期，由于资金有限、成员少（仅9人），他们购买选择阿里云服务器的最大考虑是成本低、方便、维护简单。瞬间的火爆给后台带来了很大的访问量，翻了上千倍。而他们只是耗时3分钟通过阿里云客户服务后台、花费了72.92元、对云服务器带宽做了一次升级，就成功应对了6月份突然飙升的访问量。云计算服务充分反映了其对小微企业发展的杠杆作用。

案例4-25

小咖秀爆红：阿里云助创业进入“快消时代”

云计算正在为创业圈传递越来越清晰的声音：创业正进入“快消时代”。云计算已经成为“普惠科技”，其越是成熟，创业者从0到1的突破成本越低、周期越短。这个周期有多短？一款叫“小咖秀”的 App，开发第一版仅花了 2 天时间，从默默无闻到成功登上 App store 总榜第一名，仅用时 2 个多月。该 App 是一款自带搞笑功能的视频拍摄应用，用户可以配合小咖秀提供的音频字幕像唱 KTV 一样创作搞怪视频，并支持视频快速同步分享到微博、微信朋友圈和 QQ，满足用户们被“点赞”的成就感。

在秒拍 & 小咖秀的首席执行官韩坤看来，小咖秀之所以能够成功，主要是“善于拥抱新的资源”。首先，拥抱平台资源。通过秒拍、微博等社交平台和互联网搞笑文化，打通了互联网主力军 90 后们的任督二脉，将表演权交给最有表演欲的用户自己。其次，善于调动娱乐圈的资源。力邀各路大牌明星加入，从而呈现了极强的粉丝效应，使产品快速从大咖走向大众。最后，善于利用云计算资源，支撑住了爆红后的爆发访问。小咖秀采用阿里云多媒体解决方案，在用户数百倍增长的情况下，能够秒级开通新的 IT 资源，支撑用户无感知情况下的系统平滑升级，并节省超过 50% 的 IT 成本投入。

越来越多的创业者开始采用云计算实现从 0 到 1 的突破。据介绍，仅阿里云计算平台就支持了脸萌、唱吧、超级课程表、Face++和魔漫相机等众多互联网应用在短时间内走红。之所以如此，主要因为创业者在资金、基础设施等投入不高的情况下，使用云计算可以获得成本上的缓冲，不需要将创业起步资金的1/3投入到IT系统的配备上，采取用多少就支付多少费用的方式，降低了投资风险，并成功抓住了创业“窗口期”。

在传统农业时代，一棵树从播种到结果可能长达数十年；工业机器时代的投入产出周期是数年，因为资源的获得与调度，生产资料的获得与使用均需要以年为单位计算。哪怕在IT时代，资源也需要提前数月才能应用。而在当前的环境下，基于互联网、云计算、数据与社交这些新的生产资料、生产工具作用下，计算变成以秒为单位，最终使得创业者的投入产出周期缩短到以月为单位。

阿里云总裁胡晓明认为，“0－1曲线定律”正在这个大时代背景下显现：借助新的生产资料和工具，创业正迈入“快消时代”，这也是云计算普惠科技胜利的时代。而云计算越是成熟，创业者从0到1的突破成本越低，周期越短，获得成功的可能性就越大。计算以秒为单位的DT时代，让快速创业成为可能。

4.7 电商云计算应用

由于电子商务企业核心业务就是电子商务应用，这类应用有着明显的周期性特点，在节假日或者促销时间段流量陡增，但平时的流量可能比较平缓，因此非常适合云这种弹性可扩展、高可用性和 7×24 小时支持的架构。

1. 国外电商云计算应用实践

电子商务解决方案是国外云服务商的一个重要方向。但国外电子商务应用对云服务商往往要求有多个数据中心，使他们能够在多个国家提供无缝在线服务。消费者需要电子商务网站有快速响应才能拥有好的体验，登录页面有一秒的延迟就会造成流量下降 20%，而这也可以通过成熟的云服务商来获得。

案例 4-26

Expedia 云应用

Expedia 是一家领先的在线旅游公司，为全球客户提供休闲和商务旅游服务。Expedia.com 是世界上最大的全服务的在线旅游代理公司，在超过 20 个国家有本地化站点，通过采用公共云服务，实现了 Expedia 在全球提供统一服务，同时也提升了新应用部署上线的速度。

2. 国内电商云实践

国内电子商务的迅猛发展对传统零售业以及消费品行业都有着重大的影响，他们会选择自建网上商城或者入驻第三方电商平台的方式触网，而众多中小企业或个人则通过入驻第三方电商平台轻松成为网商。但这些网商或传统企业在电商 IT 方面的经验有限，在没有上云之前，由于自身的专业 IT 人员有限和基础设施准备不足，同时对于访问高峰期缺乏相应的准备，导致了其无法承载“双 11”这样的流量，系统出现宕机等问题。

案例 4－27

聚石塔云应用

通过为商家和软件服务商提供聚石塔这样的开放式云计算平台，集聚了阿里巴巴对电商 IT 的经验，目前支撑了淘宝和天猫上 95% 商家的订单系统，保障了商家日常和“双 11”期间的订单流畅处理。从 2012 年起，阿里巴巴的商家逐步从本地的 PC 计算迁移到了聚石塔的云计算环境中。到了2014年，聚石塔已经形成了完整的云计算产品体系，对商家的各类型业务均可以进行全面支撑。它不仅支持订单系统上云，还对商家的官网、ERP、CRM以及WMS都可以很好地支持。同时，聚石塔还引入阿里云、小微金融和菜鸟物流等一系列业务和数据，为商家信息化降低成本和增加商业价值找到突破口。

4.8　云迁移优先互联网类应用

4.8.1　云迁移路径

如今，不管是大型企业行业用户还是中小企业用户，都在考虑从不同角度切入云应用。总体来说，小型企业可以选择一次性迁移的方式，这主要是考虑到应用场景相对比较简单；已经有了一定的信息化基础的企业上云的路径基本上会从非关键业务系统入手，从测试环境入手，逐渐分步骤地将业务系统迁移到云平台上。

企业的业务应用总体可以分为三大类，一类是与互联网相关的创新型业务应用系统，比如企业网站、网上商城、在线社区、线上体验店和在线培训等应用，由于具有互联网或移动特性，很适合云服务这类弹性扩展、成本相对低的模式。第二类是业务支撑类应用，比如 OA 应用，邮件系统，人力资源类应用，这类应用主要用于人与人之间协作或者后台支持的系统，主要用于提升业务部门的效率，这种应用的重要性和数据的关键性都相对弱一些，比较适合从自己部署迁移到云平台上。第三类应用是企业的核心业务应用系统，这类应用直接是企业业务的生产系统，比如制造业的 ERP 类系统、银行的核心银行系统和电信的计费系统等，这些系统上云需要进行详细而严格的评估和测试。

4.8.2　云迁移障碍

由于中国用户对于云服务的采用依然处在初级阶段，因此用户在选择或者进行云迁移过程中面临着一些共同障碍。

1. 定价模式的差异

云服务市场定价模式现在依然是各自为政，由于云服务本身就是由于弹性灵活受到客户的关注，但由于不同服务商按照自己的优势提供定价标准，因此用户为此会存在选择上的困惑。

2. 国内的云技术标准欠缺

云计算市场的发展和演化速度很快，因此成熟的技术标准与传统 ICT 市场相比还有不小的差距。技术标准的欠缺，尤其是与互操作性相关的标准欠缺使得用户选用云服务时缺乏相应的依据，也是对云服务市场发展的阻碍因素。

3. 提高成功率的最佳实践

相对于传统 ICT 厂商来说，在中国，云服务的用户规模还相对较小，而且集中在中小企业客户，大型用户端的成功案例还相对欠缺。

4. 如何签署 SLA 能够获得最大权益数据保护与合规

根据不同研究机构的调查显示，影响云服务发展的最大阻碍因素就是用户对安全性的担心。采用云服务就意味着用户与云服务商之间会有数据的流通，云服务商需要加强技术手段和管理机制以保证用户的数据安全

5. 如何降低迁移到云的风险

如果用户基于云来创建新应用，并将原有的应用迁移到云环境中，云服务商或者集成商进行 PoC 测试，以降低

用户将生产环境放到云上的风险。

6. 缺乏成熟的云中介（集成商，ISV）

由于中国云服务市场还处在初级阶段，因此成熟的基于云模式的集成商（云中介）或者云上的开发商还是比较欠缺的。虽然很多传统的 ISV 或行业解决方案提供商都开始与阿里云这样的大型云服务商进行合作，但总体上大家在云解决方案的能力方面都还处在积累过程中。

4.9　云服务从硬件资源云化开始

1. 硬件资源的云化发展速度最快

从通用的应用方向来看，云计算服务可以从底层硬件到软件都替换掉传统的架构，目前增长速度最多的公共云服务类型主要还是在 IaaS 层的计算资源服务、存储服务和网络相关服务方面，比如阿里云所提供的 ECS 服务、OSS（开放存储服务）、RDS（数据库即服务）以及 SLB（负载均衡服务）。如图 4－9 所示，全球公共云服务市场中发展最快的依然是 IaaS。从目前来看，硬件资源的云化发展速度是相当快的。

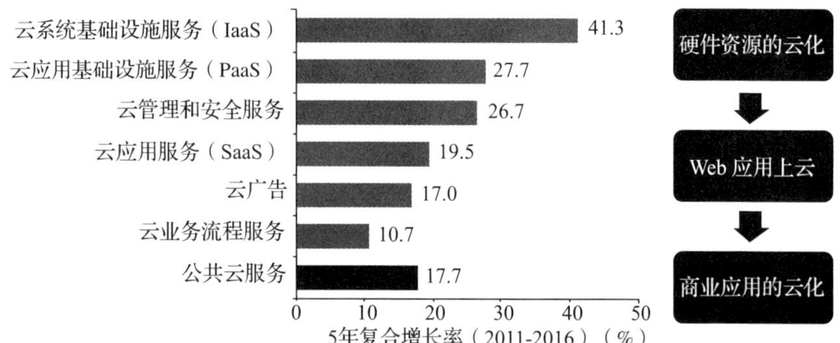

图4-9 公共云服务各类别5年复合增长率

数据来源：**Gartner** 公司

2. Web应用最易上云

从应用类型的角度来看，Web应用是最适于云的场景，包括企业门户网站、商城以及在线社区网站等互联网特性的应用，这类应用的主要特点是会有一些并发用户多的高峰期，也会有低谷期，这种场景非常适合云弹性灵活的特点。云服务商提供用户关于如何利用相应云服务快速搭建Web应用的方法以及工具，从而帮助用户快速踏入云之旅。比如越来越多的社区网站把自身的核心业务架设到阿里云上，节约了大量的人力和资金投入，对于社区网站主来说可以更专注于其核心业务的发展；阿里云依据社区网站不同的发展阶段，满足不同PV访问量的需求，提供可灵活配置的架构方案，有效降低了网站的开发运维难度和整体IT成本，并保障了网站的安全性和稳定性。针对门户网站的用户，阿里云也提供了入门级和完整型的方案供用户选择。

3. 商业应用的云化

企业常用的商业应用在云端主要是以SaaS形式出现，主要包括ERP、CRM、人力资源类应用、SCM以及协作类应用（OA）等。由于ERP往往是企业的核心业务应用，因此云化的步伐最慢，而CRM、人力资源类应用以及协作类应用（OA）更容易上云。比如国内外著名的Salesforce就是起家于CRM SaaS，国内也有XTools、800客提供这类服务，通过云的解决方案，可以向销售、营销、服务和最高管理层的每一个人提供有关客户和销售进展的全方位的可见性；典型的Office 365作为OA类应用发展的也非常迅速，用户对邮箱类、即时消息类应用的云化方向比较容易接受。

4. 当大数据与云计算相遇

从概念的角度看，虽然这两年大数据比云计算更火，但云计算与大数据的发展是相辅相成的，云奠定了大数据发挥价值的基础，大数据应用则是云价值的直接表现。阿里巴巴集团董事长马云曾经多次提到，“以控制为出发点的 IT 时代正在走向激活生产力为目的的 DT（data technology）数据时代。从五年前开始，我们在云计算上面押了很多宝，才诞生了互联网金融，如果没有数据支持，互联网金融是不可想象的。”

阿里巴巴 CTO 王坚博士关于云与大数据的关系有更为形象的比喻，云计算是工业时代的电，大数据就是福特生产线，云存储就是钢铁工业。也就是说，没有钢铁就没有电，就不会有大规模的工业化生产。没有云计算，大数据就不会出现。大数据不是用来改进业务，而是用来做以前做不了的事情。

越来越多的用户希望能够把云的能力和大数据的能力结合起来实现大数据价值的发现。云服务商开始提供大数据的端到端解决方案，使得数据科学家、开发者以及来自不同行业的数据专家可以利用云端能力发现数据的价值。

我们了解，大数据是从收集、存储、管理、分析和挖掘到数据归档涵盖多个环节的流程，云服务商提供的大数据技术服务能力需要支持这些不同的流程。以阿里云为例，它所提供的数据相关的产品主要分为两类，一类是支持结构化数据的RDS、OTS和OCS等，另一类是针对大规模计算的MaxCompute平台和彩云间DPC服务。

作为备受关注的云应用类型，大数据应用价值体现最大的是在以BAT为代表的互联网公司，基于自己的优势数据基础，一方面进行业务创新，提升消费者或客户的体验，增强营销效果等，另一方面也在探索云端大数据与行业应用的对接，实现大数据从数据本身到技术能力更广泛的价值输出。金融、政府、电信和零售等行业都有行业大数据应用的需求，完全可以基于云平台来满足以外部数据为核心的应用，比如社交媒体分析类应用。

案例4-28

华大基因精准医疗应用云平台

华大基因携手阿里云、英特尔三巨头共同协作启动共建中国乃至亚太地区首个定位精准医疗应用云平台，这将是国内首个跨越行业边界，由IT企业、基因和生命科学研究机构以及公共云服务提供商合力铸就的精准医疗云平台。

作为全世界最大的基因组学研究中心，华大基因将在2015年4月发布的基因组数据分析平台BGI Online基础上，整合和收集各方资源，构建基因组学的数据中心和分析平台，促进精准医疗行业的发展。

基因测序技术的革新、生物医学分析技术的进步以及大数据分析工具的出现，是精准医疗得以开展的必要条件。基因组学数据的收集、结构化整合、标准化和安全性非常重要。如何及时获取、快速分析这些数据，并与临床数据相结合，也是当前首要解决的问题。

华大基因方面表示，BGI Online是简单、高效、安全的基因数据分析平台，可以为研究机构、药厂和临床实验室等用户提供基因组学的数据和应用，满足行业需要。针对用户的不同需求，BGI Online提供公共云和混合云的解决方案，来建立完整用户的生态圈。在此基础上，BGI Online将作为开放科学的平台，提供公共数据和分析应用给所有的用户和开发者。与之对应，BGI Online也会吸引第三方的应用开发者和数据分析服务厂商，将他们的应用整合到公共资源中。

借助阿里云的云计算、大数据和生态环境，以及阿里云代表的阿里巴巴背后的阿里健康、蚂蚁金服和淘宝天猫，还可以为合作者提供云计算、大数据、支付、健康管理和营销渠道等生态链服务。

无疑，这将加速全球新兴的精准医疗趋势在中国的落地进程，帮助中国本地的医学研究、医疗和健康服务行业的企业、机构从中获益，催化更多的行业应用，加速行业的变革和发展，未来为公众提供更为精准、高效的医疗保健服务和更为个性化、更加优质的诊疗体验。

据悉，融合三方优势的这一精准医疗开放云平台，将向所有有志于参与和支持中国精准医疗事业发展的机构及企业用户完全开放。在此平台上，就像设计师可在Photoshop软件上尽情施展各种创意一样，基因开发者可以使用测序仪、本地基因计算一体机以及云服务的一体化融合解决方案，充分优化基因数据分析效率。

利用云的弹性计算优势，该平台不但可以满足医学研究、疾病筛查及临床医疗等不同应用场景、模式对数据处理、存储和传输的需求，还将通过采用一系列先进的数据技术，使其满足HIPAA法案等行业安全条例的要求，在确保高度敏感的基因数据的安全性的同时更便于分享，让医生和研究者们能够在数据层面真正互通有无。

华大基因科技有限公司首席执行官尹烨表示：“华大基因精心打造BGI Online获得阿里云的支持，并借助开放、协作、共赢的云环境，吸引更多用户和开发者使用华大的解决方案，同时为其提供创新驱动力，以实现其更进一步的升级和演进，加速中国基因测序和精准医疗的发展。”

阿里云计算总裁胡晓明表示，随着技术的不断成熟，基因测序行业正在步入蓬勃发展期，将根本改变生物医学基础研究和医疗实践。同时，生命科学领域数据爆炸式的增长，也对海量数据的计算、存储和分析提出新的挑战。通过在云计算、大数据领域的长期技术积累，阿里云具备支撑这个世界最大基因中心核心业务系统的能力，满足华大基因在数据处理、隐私安全保护以及传输方面极为严苛的要求。

“我们相信，华大基因、阿里云、英特尔的强强联合，将革新基因测序技术，催生出一批改善人类健康的变革性成果，让基因数据未来真正‘算得清、算得准、算得起’，共同发挥计算的力量，为社会带来无法计算的价值。云计算是普惠科技，可以让基因测序进一步走进百姓，帮助行业打造普惠医疗服务。”胡晓明进一步说。

政府用户也是大数据+云计算实现的典型行业用户。现在各城市所倡导的智慧城市的核心就是利用大数据和云计算的结合实现城市级数据共享和开放，提升居民服务的水平和质量。

第五部分

看未来：当云计算遇到大数据

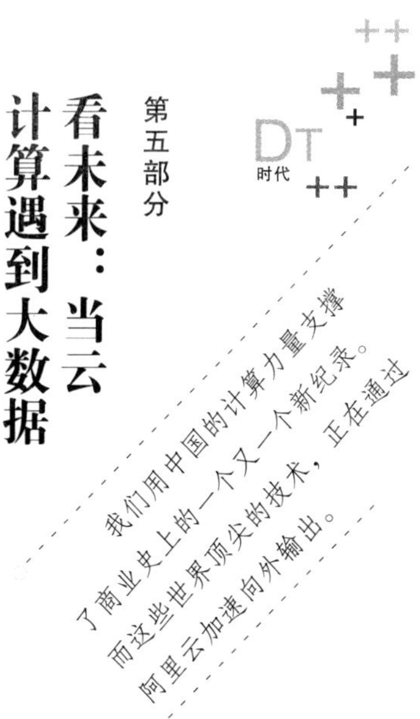

我们用中国的计算力量支撑了商业史上的一个又一个新纪录。而这些世界顶尖的技术，正在通过阿里云加速向外输出。

阿里巴巴集团副总裁、阿里云计算总裁胡晓明说：“我们用中国的计算力量支撑了商业史上的一个又一个新纪录。而这些世界顶尖的技术，正在通过阿里云加速向外输出。我们希望将这些技术变成普慧科技，以此催生1万个阿里巴巴。”

5.1 云计算与大数据的十大发展方向

根据阿里巴巴2015年三季度财报显示，增长速度最为迅猛的阿里巴巴旗下云计算业务“阿里云”营收6.49亿元，比2014年同期增长128%，这一速度已经超越亚马逊和微软的云计算业务增速，成为全球增速最快的云计算服务商。同时，阿里巴巴集团宣布对阿里云战略增资60亿元，用于国际业务拓展。

从全球情况分析也可以看出，2015 年 10 月是云计算产业的转折点，以亚马逊为例的新兴云计算公司市值持续攀高，以微软为代表的转型云计算速度较快的公司市值从跌转涨，与传统 IT 巨头 IBM、HP、Oracle 等公司的市值持续走低相对比，我们应该说，云计算的春天正在到来。

阿里云这两年的快速发展，使我们看到用户对云计算的需求在不断增强，主要是因为越来越多的用户认识到了云的价值不只是替代传统的软硬件模式，更重要的是为数据价值的发挥奠定了平台基础。我们认为，未来云计算与大数据会呈现以下十大发展方向。

1. 云计算奠基数据业务化新方向

根据国际数据公司（IDC）2014 针对数字宇宙的研究，中国数据量在 2014 年达到 909EB（1EB = 1 000TB），占全球比例为 12%，到 2020 年这个数字将达到 8 060EB，占全球比例将达到 18%。届时，会有超过 80% 的大数据应用运行在云端。因为只有云上的数据才能实现数据共享、流动和交换，变成真正的活数据，实现数据的社会经济价值。

云与大数据在未来将会深度融合，云计算服务凭借弹性计算、存储能力以及按需提供服务奠定了大数据发挥价值的计算基础，大数据应用则是云的业务价值的直接表现。正如阿里巴巴集团董事长马云曾经多次提到的："以控制为出发点的 IT 时代正在走向以激活生产力为目的的 DT 数据时代。从五年前开始，我们在云计算上面押了很多宝，才诞生了互联网金融，如果没有数据支持，互联网金融是不可想象的。"业务数据化与数据业务化的进程都在加速，互联网行业的快速发展既借力云计算和大数据，同时也成为云和大数据市场的助推器，未来 DT 将会渗透到更多的中国传统产业中去，成为这些传统行业变革与转型升级的基础。

2. 中国将会改变过去技术消费主导的历史，在云计算与大数据技术领域实现全球性的创新突破

"斯诺登事件"使得我国政府把信息安全和大力发展自主可控技术放在重要的战略位置，虽然目前政府对于"自主可控"技术的推动还主要在传统的硬件和软件层面，但云计算与大数据领域的技术突破开始受到更多重视。尤其是伴随着我国互联网公司的崛起，我们在云计算和大数据的自主可控的技术层面都有了质的突破。

尤其是以阿里云为代表的企业通过将自己在生产环境

中应用成熟的技术输出到更多的外部用户中，比如飞天 5K 集群技术、自主研发的金融级分布式数据库 Oceanbase 技术，强大的 MaxCompute 大数据处理平台除了支撑“双 11”之外，在 2015 世界 Sort Benchmark 排序比赛中，用 377 秒完成了 100TB 的数据排序，打破了此前 Apache Spark 创造的 1 406 秒的纪录，一举创造四项世界纪录。这都显示了我国自主研发的技术已经开始媲美全球的领先企业，我们也相信未来的中国企业将会在国际技术创新领域有更多的发言权。

3. 开源技术进步带动云服务丰富多样

云计算和大数据发展源于开源技术，同时开源技术的层出不穷与快速进步也在推动着云服务的更新换代。Docker、OpenStack 和 Spark 等开源技术热点，受到了众多开发者和云服务商的关注。但是，开源技术的热点迭代速度太快，传统的企业行业用户很难投入大量人力来追踪日新月异的开源技术，并基于开源开发生产型应用。

互联网企业，尤其是目前已经进军云计算服务市场的互联网企业，在投入大量专业技术人员通过实时研究跟踪开源社区的热点进展同时，不断迭代试错，在自己本身的生产系统中就实现了开源技术的良好应用，在本身的实践后总结和研发出新的可商用服务，将其通过云服务形式提供给传统行业的企业用户。

4. CIO 变身 CDO

随着数据在企业转型升级中起到的作用越来越重要，数据开始渗透到越来越多的企业管理者心中。根据 Gartner 的调研显示，美国将有 25% 的企业设置 CDO 一职位。传统企业用户不仅利用云服务实现“互联网 +”的快速转型升级，同时 CIO 们也获得了角色的升级，开始向 CDO 转变，或者企业开始新设置 CDO 这样的职位专注于数据相关的创新。

IT 部门在很多企业中的角色主要是技术支持部门，其业务价值的体现非常有限。而通过云计算服务，IT 部门实现了与业务部门的更紧密对接，尤其是 IT 部门的技术人员有机会从围绕商业智能（BI）支持业务转换为创新业务的产品经理（PD），加速企业业务创新的速度和向“互联网 +”的转型，IT 部门也扮演了业务变革的推动者和实践者的角色。

5. 混合云应用进入成熟阶段，云计算成为“互联网 +”行业落地标配

我国的云应用在 2015 年前还主要集中在信息化能力相对较弱的传统企业和无能力大规模投入基础设施建设的初

创企业，比如电子商务商家、游戏和移动互联网行业的新兴企业等。从2015年起，我们看到云服务已经从这些中小企业扩展到大型行业企业用户，包括政府部门、金融机构、能源行业和铁路12306等都开始使用云服务。2016年，云计算用户规模将进一步扩大，场景也会从企业用户的非关键业务扩展到关键业务应用，混合云的快速发展将会加速云计算在中国市场的火爆升级。

6. 云服务质量与安全保障的提升将促进云应用深入发展

随着云服务应用范围的逐渐扩大，用户对于服务质量的要求日益提高，而目前云服务商提供的云服务质量参差不齐，这也导致用户选择起来会很困惑。2014年，由数据中心联盟和云计算发展与政策论坛联合组织推出的可信云服务认证已经初步建立了一个云服务产业信用体系。一方面，借助可信云评估指标，可以增强用户对云服务商的信任度；另一方面，借助可信云服务的披露制度，云服务商在企业基本信息、服务基本信息、承诺的完备性、规范性和真实性等方面实现了对用户的透明化。

根据各家研究机构的调研，公共云服务的安全一直是用户最担忧的问题。对于大量用户来说，安全管理的经验和安全人员的数量有限。但公共云往往由具备强大实力的大型企业提供服务，它们不仅提供了安全可靠的数据中心，而且拥有大量专业的安全人员，这才能使得用户感受到使用云服务就如同将钱存入银行总比放在自己口袋里更安全一样。比如，2014 年年底，曾有攻击者对阿里云某游戏客户发起 DDoS 攻击，攻击流量超过了 450Gbps，是互联网有史以来最大规模的 DDoS 攻击。阿里云云盾帮助其抵御了这次攻击。如果用户自己来做，很难实现这样的防御目标。让专业的云服务商提供数据存储、处理以及计算服务，反而拥有更高的安全系数。因为公共云是公共基础设施，所以更安全。谷歌公共云项目 GAE 方面负责人埃兰·费根鲍姆（Eran Feigenbaum）就曾经表示："公共云现在已经足够安全，让企业可以用它来保存数据，而不会感到他们承担了某些风险。"

7. 云服务价格之争继续成为大众创新的催化剂

根据国际数据公司（IDC）的统计，中国云计算服务市场规模在 2015 年将会接近 100 亿元。云计算从根本上动摇了传统 ICT 市场的根基，以服务的形态替代传统的产品模式。正因如此，云计算市场的参与者众多，其中既有以 IBM、微软为代表的传统的国际国内 ICT 巨头转型云计算服务（比如 IBM 收购 Softlayer 提供云计算服务，微软的 Azure 和 Office365 已经曲线进入中国市场），又有新兴的以百度、阿里巴巴和腾讯为代表的互联网公司，还有三大电信运营商以及互联网数据中心（IDC）厂商以及众多的初创公司。目前，云计算服务市场是百家争鸣的市场。

我们看到，2015 年各家云服务商在通过降价获得市场的青睐，但总体来看，云生态系统还很不成熟。围绕生态建设的合作，在 2016 年将变得普遍，云端服务生态体系将更加完善。一方面，云服务商希望吸引众多的云解决方案提供商加入到阵营中；另一方面，传统的系统集成商和 ISV 也都面临如何应对云计算的挑战，从传统的销售软硬件转向销售云服务，从基于软硬件平台开发应用软件转向 SaaS 化方向。因此，云服务商们将会帮助众多的解决方案合作伙伴加速转型的步伐，2016 年将依然是云生态完善之年。

云计算服务的价格之战在 2016 年依然会继续，而这也将使得云服务成为激励大众创新的技术基石。李克强总理明确指出：大众创业、万众创新是中国经济的一个新的发动机、新引擎。云计算服务通过低成本降低了创业者尤其是移动互联网领域的成千上万的创业者的技术门槛，使得创业者不必要去购买软硬件基础设施就可以获得专业的技术平台和服务。

8. 物联网成为未来数据增长的新引擎，从消费级向工业级延伸

云计算与大数据作为背后的力量，而真正产生数据的是愈发丰富的端设备和应用。虽然智能手机的出货量和应用已近饱和，但以物联网为代表的各种智能互联设备出货量还在不断增长。物联网从消费级向工业级延伸，将成为中国数据量增长的关键因素之一，物联网所带来的数据量占比将会从2%增长至10%。根据麦肯锡报告估计，全球物联网市场规模将在2025年以前成长至3.9万亿~11万亿美元，其中40%的经济价值来自设备的互联。而且，物联网的发展将会带动一切皆服务（XaaS）的实现。

云与端的发展是相辅相成的。正如阿里巴巴董事长马云在2014年初提出的："端带动云，云丰富端。数据创造价值，提升体验，快速建设移动电子商务的生态系统。"IDC也指出："今天，超过50%的物联网活动集中在制造、运输、智能城市和使用者应用程序，但在五年内所有行业将都推出物联网倡议。"云计算服务使得移动互联网和物联网领域的创业者能够迅速推出新的应用，实现产品迭代

加速，提升产品的竞争力。

9. 公共服务数据资源开放以及上云进程加速，加速《促进大数据发展行动纲要》落地

2015 年 9 月国务院发布的《促进大数据发展的行动纲要》成为国家大数据战略的指导性文件，其中很重要的方向就是政府数据的共享和开放，2018 年要建立国家统一的政府数据开放门户。我们也了解，很多想基于大数据进行创新创业的企业苦于缺少有效的数据来源。有专家表示，中国有 80% 的数据在政府部门，大部分政府部门的数据都是信息孤岛，共享与开放的力度都不够。因此，政府的数据开放对于大数据产业的发展至关重要。政府数据开放在 2015 年成为一个热门关键词，这个概念可以扩展开来，因为其实很多公共服务数据可能掌握在事业单位或者公共服务企业手中，因此公共服务数据资源的开放更为重要。

我们看到，数据开放有助于政府部门盘活积累的数据资产，从而通过大众和企业的创造力，利用外部智慧提升政府的公共服务创新能力和水平，提升社会运行效率。通过让公众和企业都参与政府治理，使政府与公众主动、充分地互动，实现政府对公众服务的精准化和个性化，使政府从单纯的管理角色向多元共同治理方向变革。数据开放

有利于社会公众和企业基于政务公开数据资源，开展大数据领域的创新创业，激发大数据产业的活力，促进大数据产业链中采集、加工、分析、挖掘和展现等多个环节的健康快速发展。政府数据开放的先行将起到示范作用，带动其他行业的数据开放和共享，有利于整个社会数据文化的形成，推动大数据领域的技术、产品、解决方案以及应用的落地以及规模化发展。我们认为，通过云计算平台实现公共服务数据的汇聚和开放，将加速社会力量基于数据的创业创新以及协同治理社会的进程。

10. 多数据源的融合应用成为方向，数据即服务(DaaS)获得快速发展，深度学习、人工智能的成熟及成本的降低，带动大数据的应用场景更加丰富

无论是线上 + 线下数据和内部 + 外部数据还是结构化 + 非结构化数据，都可能会带出新型业务模式。以滴滴和 Uber 等共享经济的新模式为例，大数据是其业务的核心，通过数据实现交通领域的高效供需匹配，进而实现了智能出行。将来，多数据源的融合应用将会是大数据应用的重要方向。

数据即服务（DaaS）未来将有巨大的成长空间，其中包括：一是基于情境的实时数据服务，它可以使最合适的

产品或服务在最合适的时间、最合适的地点让最合适的人享受到；二是基于产出的数据服务，即数据服务的价值或价格同具体的产出相关联，产出越高用户付费越高，没有产出用户可能无须付费。

《连线》杂志的调研显示，三大突破使人工智能近在眼前——成本低廉的并行计算、海量的数据和更优的算法。我们看到，互联网巨头们在不断推动更多的人参与深度学习与人工智能的演化过程。很有代表性的是2015年Google开源了其图片搜索功能的TensorFlow机器学习系统，随之微软和百度也开源了人工智能工具包。阿里云在2015年8月推出首个人工智能平台DTPAI，大大降低了人工智能的门槛，让开发者可以简单、快速地对海量数据进行挖掘分析。

5.2 云计算和大数据发展面临的十大挑战

我国的云计算与大数据发展还处在初级阶段，无论从政策、技术和生态方面还是从用户接受度方面来看依然面临以下十大挑战。

1. 云优先政策的实际落地

虽然国务院2015年年初发布了《关于促进云计算创新发展培育信息产业新业态的意见》，但是政府部门需要更为落地的云优先政策，支持其在云应用方面起到先导和示范作用，尤其是在公共服务方面的应用可以优先采用采购云服务的模式。

2. 云服务商、云及大数据生态的成熟

目前我国的云服务商还处在野蛮生长阶段，不同服务商的服务水平参差不齐，不同的云服务商按照自己的特点提出定价标准，用户为此会在选择上面临困惑。基于云模式的集成商（云中介）或者云上的开发商数量依然不足，真正能够帮助用户实现云迁移的合作伙伴还不够成熟。

3. 国内的云和大数据技术标准及信任机制欠缺

云计算技术标准与传统ICT市场相比还有不小的差距，传统ICT市场的标准体系已经比较完善。与互操作性相关的标准尤其欠缺，使得用户选用云服务时缺乏依据。而且，目前国内的大数据相关标准依然主要针对传统软、硬件模式，基于云计算模式的大数据相关标准制定还处在起步阶段。

4. 云与大数据应用的最佳实践依然不足

在中国采用云计算服务的用户规模和市场规模还相对较小，而且集中在中小企业用户，大型用户端的成功案例还相对不足。云要真正成为如同水、电一样的公共服务，能够让每个老百姓都能享受到计算为这个社会带来的价值，还需要对于先进的实践经验进行大力推广和宣传，让越来越多的人意识到云所带来的社会经济价值。

5. 云端数据保护问题

采用云服务就意味着用户与云服务商之间会有数据的流通，云服务商需要加强技术手段和管理机制保证用户的数据安全。我们可以看到，以阿里云为代表的公有云服务提供商在2015年已经率先发起了保护云用户数据安全的倡议，任何运行在云计算平台上的开发者、公司、政府和社会机构的数据，所有权绝对属于客户，客户可以自由、安全地使用、分享、交换、转移和删除这些数据；客户有权利选择安全的服务来运行数据，云计算平台不得将这些数据移作他用；如同银行有义务捍卫客户的资金，云计算平台也有义务捍卫客户的数据。云计算平台有责任和义务建立严密的管控体系和内部审计制度，更应不懈地提高安全防护和容灾备份等方面的能力，帮助客户保障其数据的私密性、完整性和可用性。这种倡议要在云服务商之间达成共识的前提下才更有价值和意义。

6. 数据商品化需要先解决标准化问题

由于数据的应用场景和价值不容易标准化，就如同掘金的初期一样，真正赚钱的还是卖铁锹的，数据商品化还没有到真正卖金子的时候。数据与工业时代的商品有着截然不同的属性，工业时代的商品是以实体物品为主，基于一定成本的原料生产后，基于工厂相对标准化的大规模生产模式生产出来；而目前的数据应用水平和程度有限，数据标准化程度很低，无法按照传统的商品销售模式进行销售。同样的数据，在不同的应用场景下也体现出不同的价值。目前，数据交易行业的高速发展机遇与内部壁垒的挑战并存，技术标准的制定，是建构行业互联互通最基础的必要条件，以此必将规范行业准则、提高产业效率、促进行业持续高速发展。因此数据商品化需要优先解决标准化的问题，否则数据商品化只是无根之木。

7. 缺乏经过实践检验的有效的数据交易市场机制和运营模型

企业需要盘活数据资产，打破“数据割据”和“数据孤岛”的不良发展局面，建立可靠的数据交易市场机制，构建开放的数据流动生态，探索合理的数据交易运营模型势在必行。一般来说，商业公司之间的大数据交易有下列几种：一是两家或两家以上的商业公司，他们从事的服务行业不同，拥有客户的不同方面的信息，通过数据的交易可以增加一方或双方新的价值；二是商业公司利用爬虫技术获得互联网上的社交数据，借此期望带来新的业务增长点或提供更好的客户服务；三是商业公司对政府部门的公开信息进行大数据级别的整合和交互，产生新的商业模式、新业务或改进客户服务；四是未来可能会产生的新的外部大数据整合方式，如某商业公司进行大量对外部弱相关的数据的整合，当总量达到一定规模之后会产生对业务具有巨大价值的信息。

虽然第三方数据交易平台在各地陆续成立，但实际上数据流通的机制尚不成熟。这种平台目前无法成为主流，尤其是有些地方政府借此进行招商引资、概念炒作，可能会对大数据发展起到负面作用。当前，大数据交易发展急需一个和平共生的生态环境。为了规范交易所成员的数据交易行为，有些大数据交易平台颁发有相关公约或规则，试图通过自律的方式推进大数据市场的发展，但仅靠行业自律是远远不够的。

8. 数据商品定价和数据资产估值困难

数据本身与工业时代的商品有很大的差异，工业时代的商品经历了上百年的发展之后已经形成了大家都认同的标准化定价模式，比如基于物权的定价模式基本上是成本加上品牌定价。而数据产生的边界成本基本为零，显然这种模式不太适用，但从数据加工的成本出发，可针对源数据进行加工后再以 API 或数据集的方式销售给用户。数据作为商品的定价模式，目前主要有以下三类。

（1）物权定价，这种工业品定价法基本上是成本定价加品牌定价，由于数据产品边界成本为零，所以该方式不太适合，但目前按照数据加工的成本还是有企业在尝试，比如数据堂。

（2）知识产权的定价，类似于软件的许可证模式，按照使用权定价。

（3）收益定价法，按照用数据的收益来定价，由于数据边际成本为零，每一次用、不同人用数据采用不同算法，数据时间价值跟工业品不一样。

对于数据衍生产品的定价则更加困难。现在大多是根据产品的稀缺性来进行定价。数据作为未来经济的“石油”，其自身价值如何体现是一个重要的问题。数据的物理实质是记录在介质上的比特。比特是可以低成本无限复制的，接近于零边际成本，这与普通商品的稀缺性相矛盾。商品如果失去了稀缺性，其价值也就趋近于零。所以，数据有价值首先要确保数据的权属问题。从目前的发展来看，强调数据使用权和基于数据的增值服务比较有利于整个数据产业的发展。

数据定价与估值是最具有挑战性的研究方向，目前尚无成熟的研究成果。现今数据的定价有两个依据：一是根据效用，二是根据稀缺性。简单来说，数据效用就是数据使用的频率，也可以理解为从分析结果逆推数据的渊源（lineage），从而量化各方数据对结果的贡献度。稀缺性则是根据数据价值的密度以及历史价格进行定价。项目将围绕稀缺性，以现有的各种商品定价理论为基础，提出适合大数据交易的定价模型和方法，并通过相关数据产品的实践进行验证。

既然是交易，就离不开市场与价值这两个范畴。数据交易也不例外，离不开数据市场和数据价值，离不开数据的商品化和数据的资产化。从数据商品化角度来看，用于交易的对象可分为源数据、数据产品/服务/应用/数据模型、数据衍生产品等，其核心内容是数据服务产品的定价模型与方法问题。从数据资产化角度来看，随着互联网技术的不断发展，数据本身就是资产，数据资产化的主要内容包括确权、价值评估和资产运营等方面，其核心内容是数据资产化方式及数据资产价值评估与管理问题。

9. 数据隐私保护和数据安全仍需加强

随着诸多大数据交易平台的建立，一些业内人士表示，大数据技术本身对用户个人信息保护提出了挑战，在没有相关法律规范的情况下，在更大范围内开展数据交易，很有可能使数据集市沦为数据黑市。

从整个社会发展来看，互联网的用户和商家都对个人隐私保护越来越重视，用户的信息保护意识在加强，但个人信息保护相关法规、规范的不完善对于数据交易、交换的发展有很大影响。

总体来看，需要将数据隐私进行分类和分环节分析，从数据生命周期来看，采集的人、使用的人以及中间的交易平台角色不同，进行的数据处理工作也有很大差异，因此应该对不同角色有不同的界定。

在个人隐私保护方面，以阿里巴巴为代表的互联网企业已经进行了很多尝试。阿里巴巴对数据进行了安全等级划分，以保护个人隐私数据。但目前法律和实践之间有很大的空白地带，应该把企业最佳实践外化为行业自律的路径。

具体到企业，不同的环节、不同的角色，应该承担什么责任，最佳实践是什么？对于数据收集者来说，可识别的个人身份信息不离开这个平台，这个是基本原则。最佳的实践方向是做到系统的可用和人的不可见，系统机器可以识别，可以定位某一个人推送的广告，但是内部管理人员看不到个人信息。也可以引入外部审计认证，确保最佳实践得到落实。

在数据使用的过程中，不应该加重采集端责任，而应该去管理使用数据的人。最好在使用过程中回避一些引起用户反感的行为，确保用户互动及纠错机制，从使用端寻求最佳实践的方向。

10. 政府与企业的数据开放与商品化动机不强

政府数据开放的进程对于大数据整个产业的发展起着举足轻重的作用，基于政府开放的数据才能使得原本没有关联的数据流动起来，产生化学反应，触发数据产业创新的活力。我国在政府数据开放的相关政策及法律标准方面做了有益的尝试，但总体与国际差距比较大，国家和地方都在发力，但时有各自为政，政府数据商业化的政策、法律和标准需要定义清楚。政府数据产权不清晰以及政府自己数据内部还没有打通是两个现实问题。内部数据打通，必须要由交换平台内部驱动力打通。贵阳大数据交易所模式只是在形成初级产业链，虽然政府开始希望合力打造生态系统，但是附加值太低了，需要更多数据科学家和数据服务公司加入，形成更多数据价值。政府数据生态还处在手工作坊时代，因此在大数据相关技术平台、商业发展和政策法规等方面还有很大的发展空间。

后　记

很高兴《DT已来：为了无法计算的价值》一书终于付梓出版，呈现在各位读者面前。目前，市面上已有很多以云计算和大数据为主题的著作，但是偏基础理论和技术操作的居多。本书希望通过汇集大量成功的实践案例，让大家感受DT时代的脉动，使更多的行业和企业用户能够分享这些经验，在应用过程中，能够少走弯路，凭借云计算和大数据技术加速其向“互联网+”转型发展的进程。

本书撰写过程中，得到了阿里研究院高红冰院长的悉心指导并作序，杨健、宋斐副院长的大力支持与鼓励。阿里云的多位同事还向我们提供了很多珍贵的一手资料以及丰富的技术说明、案例素材，尤其是阿里云部委事业部的总监程璟、姜至，阿里云金融事业部的总监徐敏和阿里云公关负责人任志涛、王子凌为我们提供了大量的帮助。此外，阿里健康公关负责人张蕾、阿里巴巴集团战略发展部胡雪莺也在调研方面给予了我们热情的帮助。在此对各位同事的支持致以诚挚的谢意！

文稿最终版本落定之际——2016 年 8 月 1 日，这一天，对于互联网科技企业来说，是一个有着里程碑意义的日子，因为恰逢全球市值排名前五位的公司首次全部由互联网科技企业囊括，即苹果、谷歌、微软、脸谱和亚马逊。这反映出科技创新已成为当今世界经济发展的核心动力，耐人寻味的是这五家公司均是云计算服务提供商。虽然目前还没有中国企业的身影，但是我们坚信，以阿里巴巴为代表的中国互联网科技企业未来一定会在国际舞台上成为主角。

我们不仅要做商业创新的引领者，更希望通过大数据、云计算等给社会带来更多无法估量的价值，实现普惠服务，不只造福于中国的创新创业者，也为全世界的创新创业者赋能。

我们期待这本书能够为我国抓住 DT 时代的历史机遇做出贡献！

潘永花、孟晔